刘涛　钱钰　著

以食为天

的共同时刻

汉字文化圈国家节令食俗与中医药文化传播

河南大学出版社
HENAN UNIVERSITY PRESS
·郑州·

图书在版编目(CIP)数据

以食为天的共同时刻:汉字文化圈国家节令食俗与中医药文化传播 / 刘涛,钱钰著. -- 郑州 : 河南大学出版社,2022.12

ISBN 978-7-5649-4980-8

Ⅰ.①以… Ⅱ.①刘… ②钱… Ⅲ.①节令-风俗习惯-研究-亚洲②饮食-文化-研究-亚洲③中国医药学-文化传播-研究 Ⅳ.①K893.01②TS971.203③R2-05

中国版本图书馆 CIP 数据核字(2022)第 001005 号

责任编辑	马 博 肖凤英
责任校对	郭慧慧 王 珂
封面设计	马 龙

出 版	河南大学出版社
	地址:郑州市郑东新区商务外环中华大厦 2401 号 邮编:450046
	电话:0371-86059701(营销部) 网址:hupress.henu.edu.cn
	0371-22860116(人文社科分公司)
排 版	河南大学出版社设计排版部
印 刷	广东虎彩云印刷有限公司
版 次	2022 年 12 月第 1 版 印 次 2022 年 12 月第 1 次印刷
开 本	787 mm×1092 mm 1/16 印 张 15
字 数	233 千字 定 价 58.00 元

版权所有·侵权必究

本书如有印装质量问题,请与河南大学出版社营销部联系调换

前　言

　　源于六年前的初步尝试，成于近四年的坚持探索，起起伏伏，跌跌撞撞，最终将所思所想化为拙作一本。在岁时节令的循环往复中，我们不停追溯和探寻汉字文化圈国家岁时节令中蕴含的中医药文化智慧，尝试将自己所掌握的医学知识和民俗文化知识融汇起来，从中医药文化传播传承中审视岁时节令食俗的流变，又从岁时节令食俗中寻找中医药文化内涵理念的大众化、时代化阐释。

　　本书的研究工作，大的时代背景是包括中医药在内的传统医学逐步被主流医学界接受认可。《世界卫生组织传统医学战略2014—2023》指出，传统医学植根于本国的文化、历史和风俗中，会员国应"了解谁在使用，探索使用的原因并确定目前和未来的需求"。《中医药发展战略规划纲要（2016—2030年）》指出："传承和弘扬中华优秀传统文化，迫切需要进一步普及和宣传中医药文化知识。"这些重要文件的出台，标志着传统医药的有效性和安全性被重新评估。2015年12月22日，习近平致信祝贺中国中医科学院成立60周年，提出"当前，中医药振兴发展迎来天时、地利、人和的大好时机，希望广大中医药工作者增强民族自信，勇攀医学高峰，深入发掘中医药宝库中的精华，充分发挥中医药的独特优势，推进中医药现代化，推动中医药走向世界，切实把中医药这一祖先留给我们的宝贵财富继承好、发展好、利用好，在建设健康中国、实现中国梦的伟大征程中谱写新的篇章"。传统医学与现代医学共同助力于全民医疗保健的实现，推动了中医药文化国际传播成为彰显中华文明对世界文明进步重要贡献的重要载体,以此为背景,研究汉字文化圈国家岁时节令食俗与中医药文化传播问题无疑是颇具时代性和责任感的学术选择。

本书的研究工作,初步建构起研究汉字文化圈国家节令食俗与中医药文化关联的完整体系。本书共计十一章(含序言)。序言点出在日常生活中发现文明的交流互鉴的选题立意,进而逐步引出研究议题。第一章聚焦汉字文化圈国家医药文化交流的历史回顾。第二章关注中医时间文化与饮食文化理论溯源。第三章至第九章分别论述春节、清明、端午、七夕、中秋、重阳、冬至等汉字文化圈共享型岁时节令食俗与中医药文化关系。第十章阐述文明智慧的生活化表达是节令食俗流变与中医药文化传播研究的现实意义。通过十一章的内容,读者会对汉字文化圈国家岁时节令食俗与中医药文化传播的内在关联有一个初步了解,对食俗中体现的中医药健康养生知识、方法以及中医药文化在汉字文化圈国家的影响力、传播力有更加直观的认识。

本书的研究工作具有丰富文明交流互鉴内容和载体的重要价值。千百年来,借助汉字的中介,与中国的文化联系早已深度融入汉字文化圈内其他国家的"文化基因",渗透进民众的日常社会生活,成为民众日用而不知的常识性存在。通过对汉字文化圈国家节令食俗的介绍和分析,我们可以发现其中的差异性和相似性大都能从中医学经典著作中得到解释。这不仅从日常生活的角度验证了汉字文化圈国家间客观存在和难以切断的源流关系,也对拓展民俗学研究的新领域,以文化创意推动中医药理念传播、扩大中医药服务贸易,深入研究汉字文化圈的形成和演进更具有重大价值。

本书的研究工作为说明汉字文化圈国家地缘相近、人缘相亲、文缘相通提供了有力的证据。汉字文化圈国家节令食俗的共通和差异之处大都可以用中医学理论去解释。汉字文化圈国家不同名目的传统医学之间必然有着深层次的联系——基本理论的相似性,运用中医理论能够阐释这些国家的节令食俗就是这一观点的最好注解。在扩大中医药服务贸易和推动中医药海外创新发展的过程中，为使中医药文化普及、中医理念宣传能够贴近生活、深入人心，我们应该对与中医药有关的民俗活动、节日庆典进行认真研究、积极利用，主动在诊断、治疗、养生、保健等方面与传播目标国家的传统医学对接。

  本书将两个看似不相关联的领域联系在一起，向海内外广泛寻找线索与证据，其中艰辛自不待言。甘也罢，苦也罢，几经风雨，几番修订，最终我们坚持下来了，在有限时间内将初步成果呈现在各位读者面前。可能文笔有青涩之处，可能细节中还有错讹，敬请广大学术同人和读者朋友们谅解并不吝指教，欢迎更多学者参与该议题的讨论，共同推动中医药文化资源的梳理，促进中医药文化的国际传播和中华优秀传统文化的传承利用。

目　录

序言　在日常生活中发现文明的交流互鉴 ………………… 1
　　一、中医药发展：文明交流互鉴的结果与动力 ………… 1
　　二、节令食俗：民俗文化与中医药文化的深厚渊源 …… 2
　　三、以食为天的共同时刻：文明交流互鉴研究的新领域 … 3

第一章　汉字文化圈国家医药文化交流的历史回顾 ……… 6
　第一节　中日之间的医药文化交流 ………………………… 7
　　（一）"古坟时代"及"奈良时代"的中日医药文化交流 …… 7
　　（二）"平安时代"及"镰仓时代"的中日医药文化交流 …… 8
　　（三）"室町时代""桃山时代"及"江户时代"的中日医药文化交流 … 9
　　（四）当代日本的汉方医学 ……………………………… 11
　第二节　中朝（指朝鲜半岛）之间的医药文化交流 ……… 11
　　（一）"三国时代"及"统一新罗时代"的中朝医药文化交流 … 12
　　（二）"高丽时代"与"朝鲜时期"的中朝医药文化交流 …… 13
　第三节　中越之间的医药文化交流 ………………………… 15
　　（一）"北属时期"的医药文化交流 ……………………… 16
　　（二）"藩属时期"的医药文化交流 ……………………… 17
　　（三）法属时期及现当代的医药文化交流 ……………… 20

第二章　中医时间文化与饮食文化理论溯源 ……………… 23
　第一节　中医时间医学概述 ………………………………… 24
　　（一）中医时间医学简述 ………………………………… 24

（二）中医阴阳虚实观念与日月运行 ……………………………… 26
　　（三）中医气血盛衰观念与季节更替 ……………………………… 28
　　（四）中医时间医学与辨证论治 …………………………………… 30

第二节　中国传统医学典籍中对时间周期与饮食的描述 … 32
　　（一）《黄帝内经》节录 ……………………………………………… 33
　　（二）《神农本草经》节录 …………………………………………… 41
　　（三）节令食俗与中医时间文化和饮食文化 ……………………… 44

第三节　韩国与日本医学典籍中的时间文化 ………………… 49
　　（一）《东医宝鉴》节录 ……………………………………………… 49
　　（二）《皇汉医学》节录 ……………………………………………… 66

第三章　六合同春：汉字文化圈国家春节食俗与中医药文化 …………………………………………………………… 69

第一节　春节在汉字文化圈国家的流变 ……………………… 70
　　（一）中国的春节 …………………………………………………… 70
　　（二）日本的元旦 …………………………………………………… 71
　　（三）朝鲜半岛的新年 ……………………………………………… 71
　　（四）越南的元旦 …………………………………………………… 72

第二节　汉字文化圈国家的春节食俗 ………………………… 73
　　（一）中国春节的代表性食物：饺子、年糕、五辛盘、屠苏酒（或椒柏酒） … 73
　　（二）日本元旦的代表性食物：荞麦面、屠苏酒、杂煮 …………… 74
　　（三）朝鲜半岛春节的代表性食物：年糕汤、打糕、岁酒 ………… 75
　　（四）越南元旦的代表性食物：年粽、糯米饼、五果盘、木鳖饼 … 76

第三节　"药食同源"视阈下的春节食俗解读 ………………… 77
　　（一）春节食俗的养生主题 ………………………………………… 78
　　（二）中国春节食俗与中医药文化 ………………………………… 79
　　（三）日本元旦食俗与中医药文化 ………………………………… 80
　　（四）朝鲜半岛新年食俗与中医药文化 …………………………… 81
　　（五）越南元旦食俗与中医药文化 ………………………………… 83

附录 ·· 85

第四章　清明时节：汉字文化圈国家清明食俗与中医药文化 ·· 95

第一节　清明节在汉字文化圈国家的流变 ·············· 96
（一）中国的清明节 ··· 96
（二）朝鲜半岛的"清明" ···································· 97
（三）越南的清明 ·· 97

第二节　汉字文化圈国家的清明食俗 ··················· 98
（一）中国清明的代表性食物：青团、馓子、子推馍、乌饭 ····· 98
（二）朝鲜半岛清明的代表性食物：金达莱花饼、艾糕、艾草团子、艾子汤、寒食黄花鱼、寒食荞麦面条、金达莱酒 ·········· 100
（三）越南清明的代表性食物：汤圆、汤团、黑糯米饭 ······ 101

第三节　"药食同源"视阈下的清明食俗解读 ·········· 101
（一）清明食俗的养生主题 ································· 101
（二）中国清明食俗与中医药文化 ·························· 102
（三）朝鲜半岛清明食俗与中医药文化 ···················· 103
（四）越南清明食俗与中医药文化 ·························· 103
　　附录 ··· 105

第五章　五月端阳：汉字文化圈国家端午食俗与中医药文化 ·· 114

第一节　端午节在汉字文化圈国家的流变 ············· 114
（一）中国的端午节 ··· 115
（二）日本的端午节 ··· 116
（三）朝鲜半岛的端午节 ···································· 117
（四）越南的端午节 ··· 118

第二节　汉字文化圈国家的端午食俗 ··················· 118

（一）中国端午节的代表性食物：粽子、雄黄酒、茶蛋、大蒜、打糕、明太鱼 ……………………………………………………………… 119

　　（二）日本端午节的代表性食物：粽子、柏叶饼、菖蒲酒 …………… 120

　　（三）朝鲜半岛端午节的代表性食物：醍醐汤、樱桃茶、艾蒿饼、牛蒡叶饼 ……………………………………………………………… 122

　　（四）越南端午节的代表性食物：雄黄酒、粽子、糯米酒酿、黄姜饭、酸果 ………………………………………………………………… 123

第三节　"药食同源"视阈下的端午节食俗解读 ………………………… 123

　　（一）端午节食俗的养生主题 ……………………………………………… 124

　　（二）中国端午节食俗与中医药文化 ……………………………………… 124

　　（三）日本、朝鲜半岛、越南的端午节食俗与中医药文化 …………… 126

　　附录 ……………………………………………………………………………… 128

第六章　鹊桥相会：汉字文化圈国家七夕节食俗与中医药文化 …………………………………………………………………… 136

第一节　七夕节在汉字文化圈的发展简史 ……………………………… 136

　　（一）中国的七夕 …………………………………………………………… 137

　　（二）日本的七夕 …………………………………………………………… 137

　　（三）朝鲜半岛的七夕 ……………………………………………………… 139

第二节　汉字文化圈国家的七夕食俗 …………………………………… 140

　　（一）中国七夕的代表性食物：巧果和巧饭 …………………………… 140

　　（二）日本七夕的代表性食物：索饼 ……………………………………… 141

　　（三）朝鲜半岛七夕的代表性食物：面条、小麦盒子、蒸糕 ………… 142

第三节　"药食同源"视阈下的七夕食俗解读 …………………………… 142

　　（一）七夕食俗的养生主题 ………………………………………………… 143

　　（二）中国七夕食俗与中医药文化 ……………………………………… 143

　　（三）日本七夕食俗与中医药文化 ……………………………………… 144

　　（三）朝鲜半岛七夕食俗与中医药文化 ………………………………… 144

　　附录 ……………………………………………………………………………… 146

第七章 天下共秋：汉字文化圈国家中秋食俗与中医药文化 ······ 149

第一节 中秋节在汉字文化圈国家的流变 ······ 149
（一）中国的中秋节 ······ 150
（二）日本的芋名月 ······ 150
（三）朝鲜半岛的秋夕节与秋文节 ······ 151
（四）越南的中秋节 ······ 153

第二节 汉字文化圈国家的中秋食俗 ······ 153
（一）中国中秋的代表性食物：月饼、芋头、桂花、螺、米糕和时令水果 ··· 154
（二）日本中秋的代表性食物：月见团子和芋头 ······ 155
（三）朝鲜半岛中秋的代表性食物：新酿米酒、松饼、药粥与芋头 ······ 157
（四）越南中秋节的代表性食物：烤月饼、软月饼、皮饼和时令水果 ······ 158

第三节 "药食同源"视阈下的中秋食俗解读 ······ 159
（一）中秋食俗的养生主题 ······ 159
（二）月饼类食物的药用价值 ······ 160
（三）各国中秋芋头食俗的药用价值 ······ 161
（四）日韩两国的栗子食俗的药用价值 ······ 161
（五）中秋所食时令水果的药用价值 ······ 162
附录 ······ 164

第八章 汉字文化圈国家的重阳食俗与中医药文化 ······ 171

第一节 汉字文化圈国家重阳节的流变 ······ 172
（一）中国的重阳节 ······ 172
（二）日本的重阳节 ······ 173
（三）朝鲜半岛的重阳节 ······ 174

第二节 汉字文化圈国家重阳节典型食俗概述 ······ 174
（一）中国的重阳节食俗：菊花酒、茱萸酒、重阳糕 ······ 175
（二）日本的重阳节食俗 ······ 176
（三）朝鲜半岛的重阳节食俗 ······ 176

第三节　医药文化视阈下的重阳节食俗分析 ·············· 177
（一）重阳节食俗的养生主题 ························· 177
（二）中日韩重阳食菊习俗的养生价值 ··············· 178
（三）中日重阳食栗习俗的养生价值 ················· 178
附录 ··· 180

第九章　四海亚岁：汉字文化圈国家的冬至食俗与中医药文化 ····································· 187

第一节　汉字文化圈国家冬至的流变 ················ 188
（一）中国的冬至 ·································· 188
（二）日本的冬至 ·································· 188
（三）韩国的冬至 ·································· 189

第二节　汉字文化圈国家的冬至食俗 ················ 190
（一）中国冬至的代表性食物：赤豆粥、冬至团、饺子和羊肉 ·· 190
（二）日本冬至的代表性食物：南瓜、红豆粥和蒟蒻 ······ 191
（三）韩国冬至的代表性食物：红豆粥 ················· 192

第三节　"药食同源"视阈下的冬至食俗解读 ········· 194
（一）冬至食俗的养生主题 ·························· 194
（二）中日韩赤豆粥类食俗的医药价值 ··············· 195
（三）中国冬至饺子和羊肉食俗的医药价值 ··········· 196
（三）日本冬至南瓜和蒟蒻食俗的医药价值 ··········· 197
附录 ··· 198

第十章　文明智慧的生活化表达：节令食俗流变与中医药文化传播研究的现实意义 ···················· 204

第一节　增进健康福祉的中医保健养生思想 ········· 205
（一）顺应自然 ····································· 205
（二）因人施养 ····································· 206
（三）形神结合 ····································· 206
（四）药食同源 ····································· 207

第二节　传统医学被纳入汉字文化圈国家医疗保健体系 …… 208
（一）中国提出中医药发展战略 …… 208
（二）日本汉方医学的崛起 …… 209
（三）韩医成为备受关注的社会主流 …… 210
（四）越南传统医学被写入宪法 …… 210

第三节　在汉字文化圈国家的日常生活中发现中医药文化 …… 211
（一）对节令民俗同源异流的解读 …… 211
（二）开辟民俗学与中医药文化研究的新领域 …… 212
（三）创新中医药文化推广传播的新路径 …… 213

参考文献 …… 215

后记 …… 223

序言
在日常生活中发现文明的交流互鉴

一、中医药发展：文明交流互鉴的结果与动力

《世界卫生组织传统医学战略2014—2023》指出，传统医学植根于本国的文化、历史和风俗中，会员国应当根据国情确定并更充分了解传统和补充医学，建立本国关于传统和补充医学的国家档案，了解谁在使用，探索使用的原因并确定目前和未来的需求。

中医药作为中华文明的杰出代表，既是中国各族人民在几千年生产生活实践和与疾病做斗争中逐步形成并不断丰富发展的医学科学，也是不断汲取世界文明成果的产物。长期以来，中医药不仅为中华民族繁衍昌盛做出了卓越贡献，还对世界文明进步产生了积极影响。在中国日益走近世界舞台中央、与各国携手共建人类命运共同体的新时代，中医药已经不限于仅是医疗体系的组成部分，也成为不同国家地区的经贸合作、文化交流、文明互鉴的重要力量。《中医药发展战略规划纲要（2016—2030年）》指出：中医药是我国独特的卫生资源、潜力巨大的经济资源、具有原创优势的科技资源、优秀的文化资源和重要的生态资源，传承和弘扬中华优秀传统文化，迫切需要进一步普及和宣传中医药文化知识。实施"走出去"战略，推进"一带一路"建设，迫切需要推动中医药海外创新发展。

二、节令食俗:民俗文化与中医药文化的深厚渊源

辩证唯物主义的自然时空观认为,时间和空间是一切存在的基本形式。人是自然界的组成部分。在任何文明的发生、发展中,对时间与空间的界定、分类和测量都是不容回避的重大命题。就中国来说,最富有中华传统文明特色的时空观念、最具有特殊性的时间体验表征无疑属于节气时令,又称岁时节令、岁时令节。

作为社会生活规律性的重要体现,与传统历法息息相关的节气时令主要源自古人在农业生产活动中对自然现象变化规律的观察、体悟和利用。而随着时间的推移,当它与直接的农业生产活动日益疏离,越来越紧密地和周期性举行的祀神祭祖、仪式庆典、娱乐聚会关联在一起,逐渐聚焦于节气更替中的某些特定日期和某种广泛流行的饮食烹调、服饰穿戴、精神信仰时,也就"自然"成为历代民俗著作描述的重要对象和现代民俗学研究的重要内容。

中医传统理论认为,在自然界的四季中,以春夏为阳,秋冬为阴,受其影响,人体在四季的阴阳盛衰也要与自然界阴阳消长带来的春生、夏长、秋收、冬藏更替循环相同步。如《素问·阴阳离合论》篇说:"生因春,长因夏,收因秋,藏因冬,失常则天地四塞。阴阳之变,其在人者,亦数之可数。"数,是推测的意思。中医学在养生保健和诊断治疗中都坚持顺应自然界阴阳变化的规律,摄取、转化天地精气,调适人体生理机能。[①] 一定意义上,时间文化和饮食文化可以说同属中医药文化、民俗文化的重要组成部分。在中医学的诊断和治疗原则中,极富中国特色的治病求本(治疗疾病必须参透阴阳学说和五行学说)、三因制宜(根据季节、地区以及人体体质、年龄的不同选择不同的治疗方法)、协调阴阳

---

① 瞿岳云等:《中医时间医学理论及应用》,重庆出版社,1993,第55页。

(恢复被内外因素破坏了的阴阳平衡)、药食同源(药物与食物之间并无绝对的分界线,都有四气五味)、治未病(重视日常养生保健)等都与节气时令以及食材的选择、食品的制造烹调有关。

如"故阴阳四时者,万物之终始也,死生之本也,逆之则灾害生,从之则苛疾不起"(《素问·四气调神大论》),"五日谓之候,三候谓之气,六气谓之时,四时谓之岁,而各从其主治焉"(《素问·六节藏象论》),"道上知天文,下知地理,中知人事,可以长久"(《素问·著至教论》),"合人形以法四时五行而治"(《素问·脏气法时论》),"治不法天之纪,不用地之理,则灾害至矣"(《素问·阴阳应象大论》),"大毒治病,十去其六;常毒治病,十去其七;小毒治病,十去其八;无毒治病,十去其九;谷肉果菜,食养尽之,无使过之,伤其正也"(《素问·五常政大论》),"毒药攻邪,五谷为养,五果为助,五畜为益,五菜为充,气味合而服之,以补精益气。此五者,有辛酸甘苦咸,各有所利,或散或收,或缓或急,或坚或软,四时五脏,病随五味所宜也"(《素问·脏气法时论》),"圣人不治已病治未病"(《素问·四气调神大论》)和"上工治未病,不治已病"(《灵枢·逆顺》)等表述在中国最早的医学典籍《黄帝内经》中就已经出现,并被历代医家传承弘扬。[①]

三、以食为天的共同时刻:文明交流互鉴研究的新领域

亚洲是人类最早的定居地之一,也是人类文明的重要发祥地。纵观世界文明史,汉字是最长寿同时又最具活力的文字。历史上,同在亚洲的中国和日本、朝鲜(包括大韩民国和朝鲜民主主义人民共和国,下

---

① 王洪图主编《黄帝内经研究大成》,北京出版社,1995,第1342页、第1350-1353页、第1374页、第1388页。

同)、越南同属汉字文化圈。随着汉字书写、汉文医学典籍和中国传统历法在日本、朝鲜、越南的长期流行,与治病求本、三因制宜、协调阴阳、药食同源、治未病等原则有关的中医药观念、理论也在上述国家持续传播,并植根于这些国家的传统医学理论和节日民俗中。

目前,中医药在世界范围内的影响力正在逐步增强。《中国的中医药》白皮书中指出:"中医药已传播到183个国家和地区。据世界卫生组织统计,目前103个会员国认可使用针灸,其中29个设立了传统医学的法律法规,18个将针灸纳入医疗保险体系。中药逐步进入国际医药体系,已在俄罗斯、古巴、越南、新加坡和阿联酋等国以药品形式注册。有30多个国家和地区开办了数百所中医药院校,培养本土化中医药人才。总部设在中国的世界针灸学会联合会有53个国家和地区的194个会员团体,世界中医药学会联合会有67个国家和地区的251个会员团体。"但不容忽视的是,尽管拥有世界上规模最庞大的中医服务体系和数量最多的中药生产企业,中国却并未在中医药服务贸易领域拥有显著的竞争优势。单就中药出口而言,一方面,我国出口的中药产品中大多数为中药材、提取物等原料型产品,作为中药国际化进程"风向标"的中成药出口仍旧依赖亚洲华人较为集中的国家;另一方面,在"汉方药"和"韩药"的名义下,尽管日本、韩国中药生产的原材料大部分都是来自我国,加工为成药后的销售价格却是我国出口原料价格的几十倍。

中华文明是亚洲文明的重要组成部分,道法自然、天人合一是中华文明内在的生存理念,深刻体现在岁时节令和中医药文化中。中医与汉字文化圈国家传统医学之间的深厚渊源既突出表现在对中医典籍的学习和诊疗方法、药材成药的沿袭上,也或隐或现地反映在与源自中国的时空观念——即节气时令[①](简称节令)的有关的民俗事项中。显然,

---

[①] 中国传统的历法将一年分为十二个月,由十二月又可再分成二十四节气和七十二(物)候。时令在中国古代曾指代按季节颁布的政令,后来则逐渐演变为季节、节气、物候等的统称。

包括中医在内的传统医学与现代医学在理论基础、质量标准、安全性和有效性评价等方面存在巨大差异。对于有效激发中医药原创优势、实际推动中医药海外创新发展来说，建立和完善符合中医药特点的科研评价标准和体系、加快国内标准向国际标准转化尚需克服重重法律、政策障碍和技术壁垒。而面向世界尤其是汉字文化圈国家，普及宣传中医药文化知识、传播中医特有理念（天人合一的整体观念、辩证施治和综合施治的诊疗模式、运用自然的防治手段、全生命周期的健康服务和药食同源等）的重要性与迫切性已经凸显。

2019年5月，习近平主席在亚洲文明对话大会上提出，亚洲国家和人民应该增强文明自信，中国愿同各国开展亚洲文化遗产保护行动。以饮食习惯为切入点，从中医药文化传播、演变的角度，梳理、研究节令民俗这一时间文化事项在日本、朝鲜、越南等汉字文化圈国家的形成、发展与变迁，发现今天中日朝越节令食俗的相似性，认知、理解其在节令饮食习惯方面的差异性，正是对在交流互鉴中共创亚洲文明美好未来、彰显文明创造魅力活力的最精准注解。一方面，是对中国民俗学、文化学研究的极大丰富，有助于吸收借鉴相关国家在传统医学发展方面的成功经验。另一方面，也将促进从日常生活着手培育弘扬中医药文化的良好社会氛围，推动现代医学和传统医学技术服务提供者之间的相互尊重、合作与了解。分析中日朝越节令食俗的差异性和相似性，不仅验证了汉字文化圈国家间山水相连、人文相亲，在传统医学方面难以切断的源流关系，同时对于拓展民俗学研究的新领域，以文化创意推动中医药理念传播、扩大中医药服务贸易，深入研究汉字文化圈的形成和演进也具有潜在的重大价值。

第一章
汉字文化圈国家医药文化交流的历史回顾

> 一般来说,到十八世纪末为止,世界范围内医学的普遍观念都更强调健康而不是正常,其关注的重点是生病时会丧失的活力、柔韧性和流动性等特质。为了恢复它们,那时各国的医疗实践都十分重视"养生法和饮食规律,也就是人们应该遵守的一整套生活准则和营养准则"。①
>
> ——米歇尔·福柯(Michel Foucault,1926—1984)

中医药作为中华文明的杰出代表,是中国各族人民在几千年生产生活实践和与疾病做斗争中逐步形成并不断丰富发展的医学科学,不仅为中华民族繁衍昌盛做出了卓越贡献,也对世界文明进步产生了积极影响。在数千年的发展过程中,中医药不断吸收和融合各个时期先进的科学技术和人文思想,不断创新发展,理论体系日趋完善,技术方法更加丰富,形成了重视整体、注重"平"与"和"、强调个体化、突出"治未病"的鲜明特点。中医药发祥于中华大地,在不断汲取世界文明成果、丰富发展自己的同时,也逐步传播到包括汉字文化圈国家在内的世界各地,并对相关国家的传统医药产生重大影响。

---

① 福柯:《临床医学的诞生》,刘北成译,译林出版社,2001,第39页。

第一章　汉字文化圈国家医药文化交流的历史回顾

第一节　中日之间的医药文化交流

中国和日本地理相近、文化相通,两国的医药文化有着深厚的渊源。日本的汉方医药学,便是在吸收中国中医药学经验的基础上,结合日本国情,进一步完善形成的。

(一)"古坟时代"及"奈良时代"的中日医药文化交流

从先秦时代开始,就不断有来自中国大陆的移民前往日本。据《日本书纪》,这些东渡大陆移民被称为归化人。钦明天皇二十三年(公元562年),吴人知聪归化日本,奉献药书《明堂图》等160余卷。《新撰姓氏录》(公元815年)载,"出自吴国主照渊孙智聪也天国排开广庭天皇谥钦明御世随使大伴佐尼比古持内外典书明堂图等百六十四卷",这是中国医学传到日本的最早记录。①

推古天皇十五年(公元607年)七月,日本派使节小野妹子访问隋王朝。之后,日本派遣的大批遣隋使、遣唐使以及留学生,从中国带回包括医学典籍在内的大量汉文书籍。奈良时代,日本模仿中国建立的医学教育体系也趋于完备。养老二年(公元718年),中务省设置有内药司,宫内省设立了典药官,培养医生、针生、按摩生等。医学统一教材完全模仿唐令,用《甲乙经》《脉经》《本草(本草经集注)》《小品方》《集验方》,读针生用《素问》《黄帝针经(灵枢)》《明堂(黄帝内经明堂)》《脉决》《流注图》《偃侧图》《赤乌神针经》等。②当时,中国的医药著作往往一经刊刻很快就会流入日本。

---

① 韩昇:《东亚世界形成史论》,复旦大学出版社,2009,第141页。
② 平马直树、王晓明:《中医学在日本的传承与发展》,《中医药导报》,2019年第25卷第5期。

7

中日两国医生的互相访问也促进了中日医药的交流。唐朝僧人鉴真,早年学习佛教的五明学①。游学两京时,正逢当地发生瘟疫,佛教寺院进行医疗救济,他积极参加治病救灾,取得了很多经验。对医药学具有高度的修养,被日本汉方医药界尊称为"初祖"。② 鉴真接受了日本僧人的邀请,六次东渡,终达日本。鉴真抵日后,虽然双目失明,但是他利用鼻子的嗅觉、舌头的味觉、手指的触觉,将有关药物的鉴别知识传授给日本人民;同时,关于药物的收藏、炮制、使用、配伍等知识,也毫无保留地传授给日本人民。惟田浅常在《皇国名医传》里指出,自鉴真东渡面授医药知识,得使日本"医道益辟"。日本奈良东大寺正仓院保存至今的几十种中药,正是千余年前两国医药交流的见证。③ 相传鉴真将其行医处方著成《鉴上人秘方》一书,虽已失传,但藤原佐世的《日本国见在书目》、江深辅仁的《本草和名》和惟田浅常的《皇国名医传》都曾提起过这本书。目前尚能在《医心方》里找出三四个方子,如卷三的"诃黎勒丸方"、卷八的"脚气入腹方"、卷十九的"鉴真服钟乳随年齿方"等。④

(二)"平安时代"及"镰仓时代"的中日医药文化交流

平安时代,日本人在参考中国医学文献的基础上编写本国医书,在吸收学习中医药学的基础上,结合本国实际不断补充和发展,发扬日本的"汉方医学"。

大同三年(公元 808 年),日本平城天皇的侍医出云广真和安倍真直搜集了民间处方,在参考传入日本的《黄帝内经》《针经》《脉经》等中国医书的基础上编写了《大同类聚方》一百卷,此书后来失传。延喜十八年(公元 918 年),日本大医博士深根辅仁以《新修本草》中的药物为主

---

① 五明学:内明(佛学)、医方明(医药学)、工巧明(历算和建筑、雕塑等工艺技术)、声明(拼音、语言、文字学)和因明(伦理学)。
② 贾以仁:《日本汉方医药始祖——鉴真》,《赤脚医生杂志》1979 年第 11 期。
③ 张慰丰:《鉴真与中日医药交流》,《江苏医药(中医分册)》1979 年第 3 期。
④ 张慰丰:《鉴真与中日医药交流》,《江苏医药(中医分册)》1979 年第 3 期。

体,补充了《食经》《本草拾遗》等中国医药书中的药物。全书收录药物1025种。药物的排列顺序均依照《新修本草》,每味药物记汉文名与日文名、各种异名及出处。公元984年,日本华裔御医丹波康赖参考巢元方《诸病源候论》、孙思邈《备急千金要方》等隋唐医书八十多种,编成《医心方》三十卷。《医心方》总结了当时日本医学发展的主要成果,也是日本现存的最古老的医书。①

北宋时期,日本朝廷推行闭关政策,中日官方之间的医药交流大为减少,但民间交流仍得以继续。日本僧人重源入宋三次,掌握了佛教、医学等方面的新知识,并将《太平御览》《太平圣惠方》等宋朝医书带回日本。总体上,平安时代后期北宋出版的大量医书并未能很快传入日本,至镰仓时代才正式引入南宋版的医书。在镰仓时代的日本,曾经由遣唐使从中国带来的唐代旧卷子本医书与新传来的宋版医书地位相当、平分秋色。宋刊本得之不易且价格不菲,原有的唐医书和新渡来的宋版医书共存,导致日本镰仓时代唐代医学和宋元医学并行,成为当时日本医学的特点。②

镰仓时代通晓医学的僧人木尾原性全编撰了《顿医抄》五十卷和《万安方》六十二卷。这两本书代表了同期日本医学的最高水平。富士川游在《日本医学史》中对以上两书及镰仓时代的日本医学做出如下评价:"镰仓时代,医学效宗中国,其实乃依仿宋代医方,然而,此期并非如平安朝单纯抄录宋人医书,其间多加入吾邦经验,至少医书内容已显示出明显之进步迹象,有代表医著《顿医抄》《万安方》二书为证。"

(三)"室町时代""桃山时代"及"江户时代"的中日医药文化交流

室町时代,中日商贸来往更加频繁,也促进了两国的医药文化交

---

① 周启乾:《古代的中日医药交流》,《史学集刊》1987年第3期。
② 杨晶鑫:《镰仓时期的日本医学》,《长春中医药大学学报》2009年第25卷第1期。

流。日本医师和学者到中国学习明朝的先进医学技术,并积极消化,流传普及。日本医家阿佐井野宗瑞于日本大永八年(明嘉靖七年,公元1528年)刊行了《新编名方类证医书大全》,这部医典的原版就是明代著名刻书家和医学家熊宗立的《名方类证医书大全》,这本书也是日本出版发行的首部医书,大大扩展了艺术的传播影响力。

室町时代末期至桃山时代最著名的医师——曲直濑道三,被称为"日本医学复兴之祖"。曲直濑道三的《针灸集要》是日本首部针灸专书,此书引用了《针灸节要》《针灸大全》《针灸聚英》《针灸资生经》《十四经发挥》《丹溪心法》《奇效良方》等,包罗了从前中国针灸学的成就,尤其是首次介绍了《素问》《灵枢》的针法和《金针赋》的复式补泻法,这在日本是没有先例的。

李时珍的著作《本草纲目》完成于公元1578年,被称为"古代中国的百科全书"。庆长十二年(公元1607年),日本江户时代学者林道春将其在中国得到的《本草纲目》献给了江户幕府创建者德川家康,很快受到日本朝野上下注意,这部《本草纲目》也被奉为"神君御前本"。1608年,日本汉方医药学家曲直濑玄朔在《药性能毒·跋》中写道:"近《纲目》来朝,予阅之,披至要之语,复加以增添药品。"可视为《本草纲目》传入日本的佐证。《本草纲目》传入之后,日本医学界医师学者竞相传阅,《本草纲目》的原著、各种"和刻本"、编译本广泛传播,他们对此书进行了大量的深入研究和创造性发挥。或以此书为标准教材,讲授本草之学;或以此书为蓝本,撰写本草著作,形成了江户时代日本本草学各学派之间的鼎盛局面。[①]

江户时代前期的宽永末年(公元1644年),明朝灭亡。清朝建立之后,日本通过长崎继续进口中国医书。江户时代的中国医学开始逐渐"日本化",汉方医学内部兴起了诸多学派,自创了一系列具有日本地域特色的医药理论。

---

① 李经纬:《中外医学交流史》,湖南教育出版社,1998,第73—74页。

(四) 当代日本的汉方医学

20世纪70年代,在国际"中医热"浪潮的带动下,日本的汉方医学逐渐复兴,汉方医学的发展受到了社会各界的重视与扶持。1976年,汉方药被纳入日本医疗保险,到2000年,有200种基础中药纳入了医疗保险。① 日本汉方药局以及汉方制剂生产厂家也在不断增长,出现了津村株式会社、钟纺株式会社、第一制药三共株式会社等国际知名的汉方药生产企业。日本社会对于汉方医学的扶持体现在方方面面,从药材的来源把控、提升科研投入、加强质量监管以及汉方药专利保护。据20世纪末的一项统计数据显示,日本制药企业的科技人员占全国科技人员总数的60%,其研发费用占整个国家投入的80%。以日本的三大汉方药生产企业(三共、津村、钟纺)为例,其新药研发费用均占每年销售收入的10%~20%。② 如今,日本汉方药产业迅速发展,在国际市场上占据较大的市场份额。据不完全统计,2016年日本汉方药的销售总额约为11.9亿美元。③

第二节　中朝(指朝鲜半岛)之间的医药文化交流

中国与朝鲜半岛(包括韩国和朝鲜,下同)之间有着悠久的医药文化交流。朝鲜半岛的传统医学(包括韩医学和朝医学)是本土医学、中医学、印度医学等融会贯通而形成的医学体系。

---

① 赵永旺、柏莹、刘峥嵘、秦裕辉:《日本汉方医药学发展历程对我国中医药学发展的启示》,《湖南中医药大学学报》2018年第38卷第5期。
② 郭晓、郁洋:《日本汉方药的发展及对我国中药产业的启示》,《亚太传统医药》2007年第3卷第9期。
③ 丁腾、李耿、张红、彭修娟、党艳妮、王乐、刘峰:《日本汉方药产业发展现状分析及思考》,《中国现代中药》2018年第20卷第7期。

(一)"三国时代"及"统一新罗时代"的中朝医药文化交流

公元前1世纪至公元7世纪中期是朝鲜半岛历史中的"三国时代",高句丽(前37年~668年)、新罗(前58年~668年)、百济(前18年~660年)三国并立。公元660年和668年,新罗先后打败百济和高句丽,实现了朝鲜半岛的统一。经历公元900年至918年之间存在短暂的后三国时代,直至918年被高丽王朝所取代。一般认为,公元668年至918年被统称为"统一新罗时代"。在这近千年的历史中,中朝之间保持着密切的进行医药文化交流。

"三国时代"和"统一新罗时代",朝鲜半岛的土产药材传入中国内地并被人们广泛采用。约成书于公元5世纪末的由陶弘景所集注的《本草经集注》中就记载了包括金屑、人参、细辛、五味子、昆布、款冬、茹(离娄或掘据)等在内的多种朝鲜半岛土产药材。朝鲜半岛所产的人参、五味子、昆布、茹等甚至被视为首选的药材,且当时人们对朝鲜药材的特性有着较为深刻的认知。如人参"世用不入服乃重百济者,形细而坚白,气味薄于上党。次用高丽……形大而虚软,不及百济";五味子"今第一出高丽,多肉而酸、甜";昆布"今惟出高丽";茹"今第一出高丽,色黄"。《外台秘要》中亦有使用"高丽昆布"的记载。

医师行医治病也是中朝开展医药文化交流的重要方式。公元3世纪时,一位被称为"句骊客(或勾骊客)"高丽国医师曾在魏国行医治病。唐人段成式所著的《酉阳杂俎》载:"魏时有句骊客善用针,取寸发斩为十余段,以针贯取之,言发中虚也,其妙如此。"①尽管句骊客来中国的方式——被政府派遣还是自行前来——尚不可知,但至少证明高丽医师在魏国时就曾到中国来行医治病的事实。中国的医师也被派遣到朝鲜半岛治病。公元541年(梁大同七年或新罗建元六年),因应百济的请求,梁武帝也曾派医师前往朝鲜治病。《南史》载:"(梁大同七年)百济

---

① 段成式:《酉阳杂俎》,方南生点校,中华书局,1981,第73页。

求《涅槃》等经疏及医工、画师、《毛诗》博士，并许之。"

朝鲜半岛医籍著作有所发展，中朝之间也在医籍方面有所交流。《新罗法师方》《百济新集方》《高丽老师方》等是"三国时期"和"统一新罗时期"的重要医籍。上述三本医籍现在已经亡佚，详细的成书时间和内容均不可考证，仅在日本、中国的部分医书中能见其少量记载。有学者曾考证过三书的年代认为，《新罗法师方》是统一新罗时期的医方书；《百济新集方》成书于公元541~580年之间；《高丽老师方》成书于高句丽后期并于隋末唐初传入中国。其中，《高丽老师方》曾被传入中国。《外台秘要》载："此方是为起死，是高丽老师方，与徐王方相似。"中国医籍传入朝鲜半岛的书籍亦有很多。公元692年，新罗效法唐制设置医博士，教授《素问经》《难经》《本草经》《甲乙经》《针经》《脉经》《明堂经》等中国医学典籍。唐德宗时期编著的《广利方》也传入朝鲜半岛。刘禹锡在《为淮南杜相公论新罗请广利方状》中说："淮南节度观察处置等使，敕赐《贞元广利方》五卷。右臣得新罗贺正使朴如言状称，请前件方一部，将归本国者。伏以纂集神效，出自圣衷，药必易求，疾无隐状。"

（二）"高丽时代"与"朝鲜时期"的中朝医药文化交流

高丽王朝于公元918年建国，公元935年、936年又先后打败新罗和百济，实现了统一，至1392年被李成桂所取代并于此年改国号为"朝鲜"。自公元1392年立国以来，历经519年，于公元1910年被日本吞并，李氏朝鲜灭亡。这两个时期是中国与朝鲜半岛的医药文化交流的重要时期。

高丽时代大致相当于中国的宋元时期。这一时期，中国与朝鲜半岛的医药文化交流密切，药材、医籍和医师等方面的文化交流日趋频繁。据《宋史》记载，宋大中祥符九年，宋朝赐《圣惠方》给高丽使臣；宋天禧三年，高丽使臣进贡物品中包括药物；宋天圣八年，高丽使臣的贡品中包括人参、硫黄等药物；宋元丰元年时，高丽国君王徽生病，曾向宋朝乞求医药，次年宋朝派医师王舜到高丽为期诊治疾病；宋宣和年间，高丽国王向宋朝请求派遣医生，宋朝"诏使二医往，留二年而归"；宋绍兴二年时，高丽使臣崔惟清等人进贡500斤人参。

当时，传入朝鲜的中国医籍还出现了回流的现象。如：宋朝时，高丽国曾在元祐八年向宋朝呈献《黄帝针经》，从而促使原已在中国失传的《黄帝针经》得以在中国重新广为流传。古代高丽国本土医师的医籍著述也有较多成果，如《济众立效方》《乡药古方》《御医撮要方》《乡药救急方》《乡药惠民经验方》《诊脉图诀》《东人经验方》《三和子乡药方》《乡药简易方》等众多医籍，但大多已经亡佚。上述部分本土医籍的撰写也会受到中国医籍的影响。金永锡在写《济众立效方》时就曾受到了宋朝和新罗的医书的影响。在其墓志铭中载："尝阅大宋新罗医书，手撰奇要，便于人者，名之曰：济众立效方传于世。"目前，高丽时代的医书仅存《乡药救急方》一书。在该书的"跋"中载："《乡药救急方》，其效甚有神验，利于东民大矣，所载诸药，皆东人易知容得之物……盖在穷乡僻郡者，忽遇苍卒，病势甚紧，良医难寻，当此时苟有是方，则不待扁缓，人皆可能救之矣。是则事易功倍利莫甚焉。"

李氏朝鲜立国的时间与中国的明清时期大体一致。朝鲜三大高丽医学书籍即《乡药集成方》、《医方类聚》和《东医宝鉴》都出现在这一阶段。

《乡药集成方》，于公元1431年开始编写，1433年出版。这部书由当时著名的高丽医师卢仲礼和俞孝通等人编辑，分为两大篇。该书把疾病分成959种，记录了治疗各种疾病的10 700多种处方、1 500种针灸法和693种草药材。临床治疗篇叙述了各种病症的原因、症状、处方和民间疗法。书里加按语添加针灸目录，叙述了针穴穴位、灸法和适应征等。用于治病的许多高丽药处方也主要是由朝鲜山野上出产的药草组成的。个别的高丽药还附上民间称谓，以保证普通民众都可以识别和利用药草，对重要药材的出产地都有注解。高丽药学篇分为总论和各论。总论写明处方组成、制药方法和药用量等具体内容。各论分为 10 个部门,内容以朝鲜的高丽药材为主,包括矿物质高丽药材、植物性高丽药材、皮质、汁液、果实药材、水果类药材、禽兽为主的动物性药材、虫子和鱼类药材、谷物类药材和蔬菜类药材等数百种。个别的高丽药写明药名后,援引许多文献资料,把药性、疗效和适应征等同文献资料对比起来,提供了比较丰富的内容。如:

金屑"又高丽、扶南及西域外国成器,金皆炼熟可服"。

人参"世用不入服乃重百济者,形细而坚白,气味薄于上党。次用高丽,高丽即是辽东。形大而虚软,不及百济。百济今臣属高丽,高丽所献,兼有两种,止应择取之尔"。

细辛"今用东阳临海者,形段乃好,而辛烈不及华阴、高丽者"。

五味子"今第一出高丽,多肉而酸、甜,次出青州、冀州,味过酸,其核并似猪肾"。

昆布"今惟出高丽。绳把索之如卷麻,作黄黑色,柔韧可食"。

款冬"次出高丽、百济,其花乃似大菊花"。

茹"今第一出高丽,色黄。初断时汁出凝黑如漆,故云漆头"。

《医方类聚》是公元 1443—1445 年间编纂出版的医书,共 365 卷,将当时东方各国丰富的临床医疗经验结集而成,规模巨大。

《东医宝鉴》于公元 1610 年由朝鲜著名医学家许浚编纂而成,1613 年正式刊行,共有二十五卷,二十五册,分内景篇(内科)、外形篇(外科)、杂病篇、汤液篇(药学)、针灸篇等部分,其叙述体系比过去的医学书籍更科学,更合理。

第三节　中越之间的医药文化交流

历史上,中国和越南之间存在着千丝万缕的文化关联,双方的医药文化交流始终处于深入发展之中。北属时期，中医学传入古越南部分地区，越南药材也传入中国，并被纳入药典之中；藩属时期，双方的医师、药材、医籍处于互通有无、相互借鉴的阶段；法属时期及现当代以来，中越之间仍保持着密切的医药文化交流与传统医药贸易。

（一）"北属时期"的医药文化交流

古越南与中国之间的医药文化交流史可追溯至秦汉时期。秦朝时，越南北部归属象郡管理；秦末，赵佗自立为南越武王，越南北部和中部成为南越国的领土；汉武帝灭南越国后，在古越南的北部和中部设置交趾、九真、日南三郡。自汉至五代十国时期的南汉政权，古代越南长期被纳入中国领土的一部分，越南史称为"北属时期"或"郡县时代"。在北属时期，古代中国医师在越南行医治病、越南药材引入中国是主要的医药文化交流方式。

中国医师到越南行医的历史可追溯至秦朝。据现有史料记载来看，秦朝医师崔伟于公元前 257 年在越南治愈了当地官员雍玄、任修的虚弱证的事例，说明中医学已开始进入越南。① 中医界还普遍认为，公元前 111 年以后（汉武帝元鼎六年），越南传统医学逐步形成了以中国医师为代表的"北方派"和以越南医师为代表的"越南派"。② 秦汉以降，董奉、林胜、陈修和等古代医师也到越南行医治病。中国的三国时期，福州人董奉曾为越南士王（即士燮）奉上药丸治病。《大越史纪全书》载："初，王尝病。死三日，仙人董奉与药一丸，以水含服，捧其头摇捎之。少顷即开目动手，颜色渐平。复明日，旋能起坐。四日复能误。遂复常。"由此可见，中国医师在古代安南地区行医治病历史的悠久。

与中国医师在越南行医不同，越南药材的引入中国是越南医药文化影响中国的重要方式。其中，较为典型的是越南薏苡的引入。早在

---

① 冯汉镛：《中越两国医药文化的交流》，《中医杂志》1958 年第 8 期。
② 李未醉：《中外文化交流与华侨华人研究》，电子科技大学出版社，2014，第 132 页。

东汉末年,伏波将军马援就曾把越南薏苡引入中国。《后汉书》载:"初,援在交趾,常饵薏苡实,用能轻身醒欲,以胜瘴气。南方薏苡实大,援欲以为种,军还,载之一车。"从中亦可知道,越南薏苡有轻身醒欲、压制瘴气的功效,还具有果实大于中国薏苡的优点。马援引进交趾薏苡属于主动引入。时在中国的三国时期,越南王燮每次派遣使者去吴国时,也会呈献许多物品,其中就有杂香细葛、明珠、龙眼、犀象等药物。《大越史纪全书》载:"王每遣使诣吴,致杂香细葛,辄以千数。明珠、大贝、琉璃、翠羽、瑇瑁、犀象之珍奇,及异果、蕉椰、龙眼之属,无岁不至。又贡马,凡数百匹。吴王作书,厚加宠赐,以慰答之。"南北朝时,中国还从越南引入苏合香、沉香等药物。唐朝时,官方还允许茶、药之类的物品在中国与安南之间流通。《救恤安南流人制》载:"其安南溪洞首领,素推诚节,虽蛮寇窃据城壁,而酋豪各守土疆。如闻溪洞之间,悉藉岭北茶药,宜令诸道一任商人兴贩,不得禁止往来。"唐朝的这一制度安排有利于促进中越之间的医药交流。

(二)"藩属时期"的医药文化交流

五代十国时期,原属中国所辖的越南北部及中部地区逐渐开始独立,从中国的郡县逐渐转变为藩属国。早在938年,吴权打败南汉政权并建立吴朝,是其脱离中国的开始。丁朝的建立标志着交趾的独立,越南进入藩属时期,成为古代中国的藩属国之一。至1885年,《中英新约》的签订标志着越南"藩属时期"的结束。这一时期,中越之间的医药交流进入高峰期,医师、医药、医书等方面的密切交流,越南传统医学——东医学也逐渐确立起来。

中越医师在两国之间的行医治病与交流学习。在越南李朝时,长安高僧明空曾为李神宗治病。《大越史记全书》记载:李神宗丙辰四年三月(1136年)"帝病笃,医治不效。僧明空治之愈,拜为国师,蠲户数百"。宋元之交,名医邹孙曾随军到越南行医治病,元军撤退后,他仍留在越南为官民治病。他的儿子邹庚更是用针灸为陈朝的上皇子治愈溺水昏迷,被人称为神医,后来还被提拔为陈朝的冠服侯、宣徽院大使兼太医史。《大越史记全书》载:陈宪宗己卯十一年(1268年)"秋八月十五日夜,上皇子晫乘舟泛西湖,溺水,得之鱼梁中。上皇命医人邹庚疗治,庚曰:'针之则复苏,但恐阳萎。'针之,果如其言。自是人称庚为邹神医,累迁冠服侯,宣徽院大使兼太医使"。明空和邹孙的案例仅是中国医师在越南行医治疗中的代表性案例,也有越南医师也有到中国学习、治病。

元代,元朝廷要求越南每三年贡奉一次,贡品中就要求贡奉医人三个以及其他药物,医人到中国从事的就是行医治病。《元史》记载:"卿既委质为臣,其自中统四年为始,每三年一贡,可选儒士、医人及通阴阳卜筮、诸色人匠各三人,及苏合油、光香、金、银、朱砂、沉香、檀香、犀角、玳瑁、珍珠、象牙、绵、白磁盏等物同至。"明代,明政府在安南设立各级医疗机构传播中医学并治疗疾病,还征选安南医药人才到中国任职或在安南本地传授医学。《明史》载:"又诏访求⋯⋯阴阳术数、医药方脉诸人,悉以礼敦致,送京录用。"

医药(或药材)交流也是藩属时期医药文化交流的重要方式。古越南作为古中国的藩属国,定期朝贡是其必须践行的义务,其中贡品中多有药材。宋代,交趾常以香药、象牙、犀角等作为进贡宋朝的贡品;占城更是以犀角、象牙、龙脑、香药、乳香、沉香、黄熟香、檀香、胡椒等为供品。《宋史·外国四》载:"开宝八年,遣使贡犀、象、香药","隆兴二年,天祚遣尹子思、邓硕俨等贡金银、象齿、香物"。《宋史》建隆二年"贡犀角、象牙、龙脑、香药、孔雀四、大食瓶二十"。"三年,又贡象牙二十二株、乳香千斤。"至通元年上表中说"今特遣专使李波珠、副使诃散、判官李磨勿等进奉犀角十株,象牙三十株,玳瑁十斤,龙脑二斤,沉香百斤,夹笺黄熟香九十斤,檀香百六十斤,山得鸡二万四千三百只,胡椒二百斤,簟席五。前件物固非珍奇,惟表诚恳"。占城国的民众亦有用采集草药治疗疾病的习惯。《明史》载:"人有疾病,旋采生药服食。"

元朝廷要求安南国进贡苏合油、光香、朱砂、沉香、檀香、犀角、珍珠、象牙等物,还会回赐药物。《元史·列传》载:"……及苏合油、光香、金、银、朱砂、沉香、檀香、犀角、玳瑁、珍珠、象牙、绵、白磁盏等物同至","(中统)四年十一月……帝赐来使玉带、缯帛、药饵、鞍辔有差";中统六年"又具表纳贡,别奉表谢赐西锦、币帛、药物"。明朝时,安南国的使者曾请求用地方土产来换取中国的药材。《明史·列传》载:元顺元年"其使者乞以土物易书籍、药材,从之"。暂不论及中越之间的民间药材贸易,仅从政府间的朝贡贡品与赏赐之物来看,中越官方之间就存在着密切的药物交流。

有学者认为,《黄帝内经》《脉经》等书在隋唐时期已传入越南。① 不过,目前越南现存最早的医书为陈朝医师朱文安所著的《医学要解集注遗篇》。该书依据于《内经》,内容涉及疾病的病因病理分析与诊断治疗等。从此书依据《内经》来判断,《黄帝内经》至少应在宋代就已经传入越南。越南现存的大量医书多为汉文书写,如《医学要解集注遗篇》《南药神效》《针灸捷效诀》《本草食物纂要》《海上懒翁医宗心领》等(详细参见表1)。越南的后黎朝、西山朝、阮朝等朝代时(相当于中国明清时期),中越医学知识与医籍交流密切。潘孚先的《本草食物纂要》、黎有卓的《海上懒翁医宗心领》等重要书籍均在这一时期著成。其中,《海上懒翁医宗心领》卷一的"小引"中认为,"医家之有内经,犹儒家之有五经。此皆圣贤至语,玄机奥理尽在其中……凡学医之士,宜先读内经,以为传心之首务"。这既说明了中国的《黄帝内经》在越南医师学习医术中的重要性,也说明《黄帝内经》对于《海上懒翁医宗心领》具有相当大的影响。(见表1-3)

---

① 中国科学技术协会主编:《中国中医药学科史》,中国科学技术出版社,2014,第96页。

表1-3 越南陈朝至阮朝的医籍

朝代	编著者	医籍名称
陈朝 (1225—1413)	朱文安编	《医学要解集注遗篇》
	慧靖编	《南药神效》
	黎朝侍内府 (假托慧靖)编	《洪义觉斯医书》(上卷收录《南药国语赋》《直解指南药性赋》,下卷收录《十三方加减》《伤寒三十七槌》)
胡朝 (1400—1406)	阮大能编	《针灸捷效诀》
后黎朝 (1428—1789)	潘孚先编	《本草食物纂要》
	阮直编	《保婴良方》
	朱允文编	《医学要解集注译编》
	黄敦和编	《活人撮要》
	淘公正编	《保生延寿撮要》
	黎德望编	《眼科要略》(中国医书译本)
	郑敦朴编	《活人纂要增补》
	吴靖编	《万方集验》
	黎有卓编	《海上懒翁医宗心领》《岭南本草》《卫生要诀》《效仿新方》《医训格言》《医案阴阳》《珍玉格言》
	阮嘉璠编	《胎产调经方法》《理阴方法通录》《护儿方法通录》《疗疫方法全集》《医家方法总录》
西山朝	佚名(民间总结) 阮横编	《南药指明传》《家传秘方》《经验良方》《南药》
阮朝	李静合编	《春廷医案经治证》

(注:本表根据日本学者真柳诚的《越南医学形成之轨迹》、越南学者周伟民的《中医学对越南传统医学的影响——兼论越南医学的医家医著现状》两篇文章整理而成。)

(三)法属时期及现当代的医药文化交流

1884年,阮朝政府被迫与法国签订《第二次顺化条约》,标志着越南沦为法国的殖民地。次年,《中法新约》的签订标志着中国正式承认越南沦为法国殖民地的事实,也标志着中越两国长期的藩属关系的结束。

1941年至1945年期间,日法签订《共同防御协定》标志着越南沦为日法两国的殖民地。1945年,由胡志明领导的"八月革命"的胜利,建立越南民主共和国,但此时处于南北分治时期。1975年5月,越南实现南北统一,并于次年宣布越南社会主义共和国成立。这期间,在经历剧烈的社会变革的过程中,传统医学的发展也随之跌宕起伏。

法属时期(1884—1945年),尽管传统医学被剔除出国家卫生医疗体系,但是普通越南民众防治疾病主要还是依靠传统医学。在这一时期,越南民间医师对于传统医学的研究仍在继续。越南民间医师撰写了许多使用汉字或国语字书写的医书,如《渔樵问答医术》《卫生要旨》《集要秘传》《中医药性合辨》;使用国语字撰写的《越南医学》《南药部》《医学学术》等。① 这些传统医学书籍对于深化和延续传统医学具有重要的价值。除越南本土医师开展传统医学研究、传统医疗实践外,许多华侨中医也在当地为越南民众治病防病。以广宁省为例,仅20世纪四五十年代时就涌现出陈子恒、郭子彬、徐尚纶、黄平、莫玉珍、彭景华等华侨老中医。② 尽管饱受法国殖民者的制约,但中越两国的中医药知识、中医药文化的交流仍未中断。

自摆脱殖民统治以来,越南政府高度重视发展和研究传统医学,越南传统医学得到较大发展。1955年,胡志明在《寄给卫生干部会议的信》中提出:"过去,我们的祖先在用东医治病方面有着许多宝贵的经验。为了扩大医学范围,你们也应该加以研究并把东西医结合起来。"1957年,越南东医协会成立,《东医杂志》也开始刊行;1971年,东医协会被更名为"越南民族传统医学会"。20世纪60～80年代,许多医科大学开始设置古传医学专业。如:河内医科大学于1961年开设古传医学专业,胡志明市医科大学于1976年开设古传医学专业,芹苴大学于

---

① 周伟民、胡冬裴:《中医学对越南传统医学的影响——兼论越南传统医学的医家医著现状》,《中医药文化》2013年第8卷第2期。

② 温科胜:《广宁省华侨对越南医学的贡献》,《八桂侨史》1987年第1期。

1985年开设古传医学专业。上述医学研究机构对于推进越南传统医学的发展具有重大作用。传统医学药学与现代医学药学相结合甚至还被写入越南宪法。《越南社会主义共和国宪法(1992年)》第三章第39条指出:"预防和治疗相结合,传统医学药学和现代医学药学相结合,国家的健康服务和人民群众健康服务相结合。"

目前,中越之间的医药文化交流仍在继续。自20世纪80年代以来,中越之间的药材贸易逐渐稳步发展。我国的人参、三七、怀山药、当归、党参、黄连、天麻、麦冬等优质道地药材以及西瓜霜含片、云南白药、藿香正气水、保济丸、清凉油等中成药出口至越南;越南的骨草、七叶一枝花、青天葵、鸡血藤、沉香、丁香、乳香、白豆蔻等药材也通过边贸进入中国市场。宁明爱店中草药商贸物流中心(又称爱店口岸)的建设成功更是推动了中越之间的药物贸易。目前,国内各省区及东盟国家在爱店口岸经营中药材的商家达100多家,每天有200多吨的中草药从这里出口越南,然后运往东南亚各国。每年中药材成交量在4万吨以上,成交额在6亿元以上。除药物贸易外,中越之间还开展医籍的交流。

第二章
中医时间文化与饮食文化理论溯源

"余闻上古之人,春秋皆度百岁,而动作不衰;今时之人,年半百而动作皆衰者,时世异耶?人将失之耶?"

岐伯对曰:"上古之人,其知道者,法于阴阳,和于术数,食饮有节,起居有常,不妄作劳,故能形与神俱,而尽终其天年,度百岁乃去。"

——《黄帝内经·素问·上古天真论》

时间文化和饮食文化同属中医药文化、民俗文化的重要组成部分。成书于先秦时期的《黄帝内经》是中国古代最早的医学典籍之一,其《素问》篇中"五谷为养,五果为助,五畜为益,五菜为充,气味合而服之,以补精益气"的理念流传久远,开创了后世药膳、药浴、药酒之滥觞。该书提出四季养生思想,倡导人要参照四季的变化而改变起居、饮食规律,根据植物生长的规律在不同时期采集、炮制药物(加工食物),进行适当的室外活动,以达到"天人合一"式人与自然的和谐。该篇而作为节气转换、季节更替的标志性节点,春节、清明、端午、中秋、冬至等节日在中日朝越都被认为是传统文化的重要组成部分[1],这些节日里饮食风俗的

---

[1] 韩国的四季习俗按照阴历季节举行,耕种根据24阳历日期安排。(参见:海外文化弘报院文化体育观光部:《韩国文化指南》,韩国首尔:大韩民国海外文化弘报院出版,2009年,第207页。)越南是世界上少数几个同中国一样使用农历的国家,按照天干地支纪年,每年也按照二十四节气安排民俗生活,春节、清明、端午、中秋等节日流行于越南。

形成与演变也都与中医时间文化和饮食文化的基本观点、主要认知密切相关。

第一节 中医时间医学概述

(一) 中医时间医学简述

"时间医学",又称生物钟医学,是研究人的生命活动与外界自然环境周期性变化关联性的一种学说,对探索保健养生的规律、研究疾病诊治的方式方法都有极其重要的价值。以出现对寒来暑往、昼夜更迭、日行月转、朔望交司的认知为标志,"中医时间医学"形成于先秦至东汉时期,其代表文献为《黄帝内经》与《伤寒杂病论》,但"中医时间医学"的名称却是1979年由吴今义等在"《内经》和时间生物医学"译文中首次提出。也有学者认为,《史记》所记载的"扁鹊治虢太子"一案便是中医根据时间医学进行临床诊治的最早记录。

> 扁鹊曰:"其死何如时?"曰:"鸡鸣至今。"曰:"收乎?"曰:"未也,其死未能半日也。"……终日,扁鹊仰天叹曰:"夫子之为方也,若以管窥天,以郄视文。越人之为方也,不待切脉、望色、听声、写形,言病之所在。闻病之阳,论得其阴;闻病之阴,论得其阳。病应见于大表,不出千里,决者至众,不可曲止也。子以吾言为不诚,试入诊太子,当闻其耳鸣而鼻张,循其两股以至于阴,当尚温也。"

可见,中医学始终把时间作为诊治的一项重要准则。《灵枢·卫气行》云:"谨候其时,病可与期,失时反候,百病不除。"《素问·刺疟篇》记载:"凡治疟,先发如食顷,乃可以治,过之则失时也。"这是强调疾病的早期治疗。在疾病初期,一般病位较浅,病情较轻,对正气的损害也不慎严重,故早期治疗可以达到易治的目的。正如《医学源流论》云:

"病之始生浅,则易治;久而深入,则难治","故凡人少有不适,必当及时调治,断不可忽为小病,以至渐深;更不可勉强支持,使病更增,以贻害无穷之害"①。

《金匮要略研究》也讲:

若人能养慎,不令邪风干忤经络,适中经络,未流传藏府,即医治之,四肢才觉重滞,即导引、吐纳、针灸、膏摩,勿令九窍闭塞;更能无犯王法、禽兽灾伤,房室勿令竭乏,服食节其冷、热、苦、酸、辛、甘,不遗形体有衰,病则无由入其腠理。(腠者,是三焦通会元真之处,为血气所注;理者,是皮肤藏府之纹理也)。

《素问·四气调神大论》谓"圣人不治已病,治未病,不治已乱,治未乱,此之谓也。夫病已成而后药之,乱已成而后治之,譬犹渴而穿井,斗而铸锥,不亦晚乎"说明要未病养生,防病于先。而《素问·八正神明论》云"上工救其萌芽",即是说疾病虽未发生,但已出现某些先兆,或处于萌芽状态时,应采取措施,防微杜渐,从而防治疾病的发生。《伤寒论》于六经病篇之后,设有"辨阴阳易差后劳复病脉证并治",此即示人疾病初愈,应慎起居、节饮食、勿劳作,做好疾病欧气的善后治疗与调理,方能巩固疗效,防止疾病复作,以收全功。可见中医十分重视时间对治疗疾病的影响。

---

① 徐灵胎:《医学源流论》,中国中医药出版社,1999年,第147页。

"伤寒一日,太阳受之,脉若静者为不传,颇欲吐,若躁烦,急者,寒三日为传也","伤寒二三日,阳明少阳证不见者,为不传也","伤寒三日,三阳为尽,三阴当受邪,其人反能食而不呕,此为三阴不受邪也"等。《金匮要略方论》中张仲景指出:"产后七八日,无太阳证,少腹坚硬,此恶露不尽,不大便,烦躁,发热,切脉微实,再倍发热,日哺时烦躁者,不食,食则谵语,至夜即愈,宜大承气汤主之。"

除此之外,中医的时间理论中也关注年龄的因素,如《素问·上古天真论》云:"女子七岁,肾气盛,齿更发长;二七而天癸至,任脉通,太冲脉盛,月事以时下,故有子;三七肾气平均,故真牙生而长极;四七筋骨坚,发长极,身体盛壮;五七阳明脉衰,面始焦,发始堕;六七三阳脉衰于上,面皆焦,发始白;七七任脉虚,太冲脉衰少,天癸竭,地道不通,故形坏而无子也。丈夫八岁肾气实,发长齿更;二八肾气盛,天癸至,精气溢写,阴阳和,故能有子;三八肾气平均,筋骨劲强,故真牙生而长极;四八筋骨隆盛,肌肉满壮;五八肾气衰,发堕齿槁;六八阳气衰竭于上,面焦,发鬓斑白;七八肝气衰,筋不能动;八八天癸竭,精少,肾藏衰,形体皆极。则齿发去。"

(二) 中医阴阳虚实观念与日月运行

中医学构建在天人相应的整体观念上,更重视对天时的把握,在许多基础知识和关键问题上,都带着时间的烙印。如中医最基础的阴阳学说就是从时间属性出发的,太阳的升降所引起的昼夜变化,就是阴阳的本源表现,昼为阳,夜为阴;热为阳,寒为阴;寤(醒)为阳,寐(眠)为阴;温暖的春夏为阳,凉冷的秋冬为阴……中医学对阴阳学说的应用亦是在此基础上进一步阐发。而五行学说可以说是阴阳属性的扩展,木、火、土、金、水与一年之春、夏、长夏、秋、冬对应,亦体现其时间属性。①

---

① 王国为、杨威:《浅谈中医理论的时间属性及其对昼夜节律的认识》,《世界睡眠医学杂志》2017年第4卷第1期。

《灵枢·岁露篇》中云"人与天地相参也,与日月相应也"。而中医的阴阳虚实观念也蕴含着西方所提出的"生物节律"之内核。《灵枢·口问篇》曰"卫气昼日行于阳,夜半则行于阴,阴者主夜,夜者主卧。阳气尽,阴气盛则目瞑,阴气尽而阳气盛,则寤矣"。

《黄帝内经·灵枢》云:

> 天周二十八宿,宿三十六分;人气行一周,千八分,日行二十八宿。人经脉上下左右前后二十八脉,周身十六丈二尺,以应二十八宿,漏水下百刻,以分昼夜。故人一呼脉再动,气行三寸,呼吸定息,气行六寸;十息,气行六尺,日行二分。二百七十息,气行十六丈二尺,气行交通于中,一周于身,下水二刻,日行二十五分。五百四十息,气行再周于身,下水四刻,日行四十分。二千七百息,气行十周于身,下水二十刻,日行五宿二十分。一万三千五百息,气行五十营于身,水下百刻,日行二十八宿,漏水皆尽脉终矣。所谓交通者,并行一数也。故五十营备,得尽天地之寿矣,凡行八百一十丈也。

《素问·八正神明论》云:"月始生,则气血始精,卫气始行;月廓满,则血气实,肌肉坚;月廓空,则肌肉减,经络虚,卫气去,形独居。"同时《素问·八正神明论》中指出了气血和日月的关系及对针灸的影响:

> 凡刺之法,必候日月星辰,四时八正之气,气定乃刺之。是故天温日明,则人血淖液,而卫气浮,故血易泻,气易行;天寒日阴,则人血凝泣,而卫气沉。月始生则血气始精,卫气始行,月郭满,则血气实,肌肉坚;月郭空,则肌肉减,经络虚,卫气去,形独居,是以因天时而调血气也。

(三)中医气血盛衰观念与季节更替

中医认为,人与自然界是一个有机的整体,把顺应自然作为养生保健的主要方法。《内经》强调"顺四时而适寒暑",指出对四季气候变化"逆之则灾害生,从之则苛疾不起",并云"人以天地之气生,四时之法成"。《素问·丘古天真论》云"法则天地,象似日有,辩列星辰,逆从阴阳,分别四时"、"法于阴阳,和于术数,饮食有节,起居有常,不妄作劳,故能形与神俱,而尽终其天年"。

《素问·四气调神大论》谓"春三月,此谓发陈。天地俱生,万物以荣","夏三月,此谓蕃秀。天地气交,万物华实","秋三月,此谓容平。天气以急,地气以明","冬三月,此谓闭藏。水冰地坼"。

《素问·四时刺逆从论》中云:"春气在经脉,夏气在孙络,长夏气在肌肉,秋气在皮肤,冬气在骨髓中",并谓"春者,天气始开,地气始泄,冻解冰释,水行经通,故人气在脉。夏者,经满气溢,入络受血,皮肤充实。长夏者,经络皆盛,内溢肌中。秋者,天气始收,腠理闭塞,皮肤引急。冬者盖藏,血在气中,内著骨髓,通于五藏"。《素问·四时刺逆从论》中:

> 帝曰:逆四时而生乱气奈何?
> 岐伯曰:春刺络脉,血气外溢,令人少气;春刺肌肉,血气环逆,令人上气;春刺筋骨,血气内著,令人腹胀。夏刺经脉,血气乃竭,令人解㑊;夏刺肌肉,血气内却,令人善恐;夏刺筋骨,血气上逆,令人善怒。秋刺经脉,血气上逆,令人善忘;秋刺络脉,气不外行,令人卧,不欲动;秋刺筋骨,血气内散,令人寒栗。冬刺经脉,气血皆脱,令人目不明;冬刺络脉,内气外泄,留为大痹;冬刺肌肉,阳气竭绝,令人善忘。
> 凡此四时刺者,大逆之病,不可不从也,反之则生乱气相

淫病焉。故刺不知四时之经,病之所生,以从为逆,正气内乱,与精相薄,必审九候,正气不乱,精气不转。

《素问·脉要精微论》中则云:"四变之动,脉与之上下。以春应中规,夏应中矩,秋应中衡,冬应中权。"又曰:"春日浮,如鱼之游在波;夏日在肤,泛泛乎万物有余;秋日下肤,蛰虫将去;冬日在骨,蛰虫周密,君子居室。"

《灵枢·本藏篇》云:"五藏者,所以参天地,付阴阳,而连四时,化五节者也。"关于四时与身体方面的影响,《黄帝内经·素问·四气调神大论》曰:"一岁之气,春夏为阳,秋冬为阴;春夏主生长,秋冬主收藏。春令属木,肝胆应之。藏气法时论曰:肝主春,足厥阴少阳主治。故逆春气,则少阳之令不能生发,肝气被郁,内变为病。此不言胆而止言肝者,以藏气为主也。后放此。"

《素问·平人气象论》提道:

春胃微弦曰平,弦多胃少曰肝病,但弦无胃曰死。胃而有毛曰秋病,毛甚曰今病。脏真散于肝,肝脏筋膜之气也。夏胃微钩曰平,钩多胃少曰心病,但钩无胃曰死,胃而有石曰冬病,石甚曰今病。脏真通于心,心藏血脉之气也。长夏胃微软弱曰平,弱多胃少曰脾病,但代无胃曰死,软弱有石曰冬病,弱甚曰今病。脏真濡于脾,脾藏肌肉之气也。秋胃微毛曰平,毛多胃少曰肺病,但毛无胃曰死,毛而有弦曰春病,弦甚曰今病。脏真高于肺,以行荣卫阴阳也。冬胃微石曰平,石多胃少曰肾病,但石无胃曰死,石而有钩曰夏病,钩甚曰今病。脏真下于肾,肾藏骨髓之气也。

(四) 中医时间医学与辨证论治

关于根据时间进行医治和调理身体的记载有《金匮》所提到的"退五脏虚热,四时加减柴胡饮方,冬三月加柴胡、白术、大腹、槟榔、陈皮、生姜、桔梗,春三月加枳实、减白术;夏三月加生姜;秋三月加陈皮"。《金匮要略·血痹虚劳病脉证并治第六》是阴虚阳亢之虚劳证,因春夏木火正盛,阳气夕孵,则阴愈虚,故病氤口重;秋冬金水相生,阳气内盛,故病减轻。如以"日晡时发热"作为诊断湿病和阳明腑实证的重要依据之一。其"病者一身尽痛,发热,日晡所剧者,名风湿。此病伤于汗出当风,或久伤取冷所致也。可与麻黄杏仁薏苡甘草汤"。《素问·八正神明论》也说:"分春夏秋冬之气所在,以时调之。"《订正仲景全书金匮要略注》也有说"劳之为病,其脉浮大,手足烦,春夏剧,秋冬瘥,阴寒〔虚〕精自出,酸削不能行"。

中医将人体各藏象与五行中的五种元素相对应,从而将人体各个系统联系成一个有机的整体,每个系统之间都存在不同的关系,使复杂的人体结构变得简单明了,对疾病的辨证论治起到全面科学的指导作用。《素问·藏气法时论》说"肝病者,平旦慧,下晡甚,夜半静","心病者,日中慧,夜半甚,平旦静","脾病者,日昳慧,日出甚,下晡静","肺病者,下晡慧,日中甚,夜半静","肾病者,夜半慧,四季甚,下晡静"。此时的四时又为一日中的"四时"。《灵枢·顺气一日分为四时篇》一日分为四时,"朝为春,日中为夏,日入为秋,夜半为冬","朝则人气始生,病气衰,故旦慧;日中人气长,长则胜邪,故安;夕则人气始衰,邪气始生,故加;夜半人气入藏,邪气独居于身,故甚也"。

《内经》有云"夫百病者,多以旦慧、昼安、夕加、夜甚","朝则人气始生,病气衰,故旦慧;日中人气长,长则胜邪,故安;夕则人气始衰,邪气始生,故加;夜半人气入脏,邪气独居于身,故甚也"。《素问·金匮真言论》中谓:"平旦至日中,天之阳,阳中之阳也。日中至黄昏,天之阳,阳中之阴也。合夜至鸡鸣,天之阴,阴中之阴也。鸡鸣至平旦,天之阴,阴中之阳也,故人亦应之。"

《伤寒论》中还根据时间作定位和病因诊断,如"日晡所发热者,属阳明也";"病人脉已解,而日暮微烦";"昼日烦躁不得眠,夜而安静","昼日明了,暮则谵语,如见鬼状"。《伤寒论》原文云:太阳病欲解时,从巳至未上;阳明病欲解时,从申至戌上;少阳病欲解时,从寅至辰上;太阴病欲解时,从亥至丑上;少阴病欲解时,从子至寅上;厥阴病欲解时,从丑至卯上。

《素问·脉要精微论》首先提出"诊法常以平旦"。《素问·生气通天论》则曰:"故阳气者,一日而主外,平旦阳气生,日中阳气隆,日西阳气已虚,气门乃闭。"这都显示出人体的节律与四时的关系。《灵枢·顺气一日分为四时》篇又指出疾病随每日四时节律而"旦慧昼安,夕加夜甚"。所以,医者要注意一日四时的疾病变化,在"旦慧昼安"之时,不可漏诊,在"夕加夜甚"之时,亦不可误诊。在疾病的预测方面。《内经》中也有记载有小金丹方"每日望东吸日华气一口,冰水下一丸,和气咽之,服十粒"的时间服药方法,用以预防疫邪的侵袭。

《灵枢经·营卫生会篇》云:

> 人受气于谷,谷入于胃,气传于肺,五脏六腑皆以受气。其清者为营,浊者为卫,营行脉中,卫行脉外,营周不休,五十而复大会。阴阳相贯,如环无端,卫气行于阴二十五度,行于阳亦二十五度,分为昼夜。故至阳而起,至阴而止。故日中而阳陇(一作隆,下同)为重阳,夜半而阴陇为重阴。故太阴主内,太阳主外……日入阳尽而阴受气。夜半而大会,万民皆卧,名曰合阴。平旦阴尽而阳受气。如是无已,与天地同纪。

而由五腧穴配合阴阳五行和天干地支配合脏腑时辰两大部分组成

的子午流注针法,分为"纳支法""纳干法"两大类。窦汉卿《标幽赋》中的"一日取六十六穴,方见幽微",是"纳支法"的具体提出。徐风的"子午流注按时定穴歌"是"纳干法"的具体推法。"纳干法"是运用天干配脏腑的一种按时开穴的子午流注针法。"纳支法"是以一天十二时辰配合脏腑按时开穴,临床上有两种运用方法.一种是补母泻子取穴法,即以本经经脉的五行属性和五腧穴的五行属性为基础,以推算母子关系,按照"虚则补其母,实则泻其子"进行按时取穴.另一种是一日六十六穴法,即按十二时辰所属脏腑,阴经开井、荣、输、经、合五穴,阳经开井、荣、输、原、经、合六穴,在相关经络经气旺时,灵活取用本经五腧穴进行治疗。《伤寒论》谓:务必使"五脏元真通畅,人即安和"。

第二节 中国传统医学典籍中对时间周期与饮食的描述

中医学提倡未病先防、未老先养、食药同源的理念,强调防患于未然,认为通过时间(生命周期节律)与饮食、药物的调和可以将保障人体健康的阵线前移;讲究阴阳调和,道法自然,注重人与自然和谐、节令与饮食和谐。通观中国流传至今的著名医学典籍,从早期的《黄帝内经》《神农本草经》到隋唐的《药膳千金方》《饮膳正要》中都可以发现,时间医学与药物饮食协调作用的观念被有序传承,并持续应用于养生、诊疗的实践中。

(一)《黄帝内经》节录

《黄帝内经》上卷　素问篇

生气通天论

春伤于风,邪气留连,乃为洞泄。

夏伤于暑,秋为痎疟。

秋伤于湿,上逆而咳,发为痿厥。

冬伤于寒,春必温病。

四时之气,更伤五脏。

阴之所生,本在五味;阴之五宫,伤在五味。

是故味过于酸,肝气以津,脾气乃绝。

味过于咸,大骨气劳,短肌,心气抑。

味过于甘,心气喘满,色黑,肾气不衡。

味过于苦,脾气不濡,胃气乃厚。

味过于辛,筋脉沮弛,精神乃央。

是故谨和五味,骨正筋柔,气血以流,腠理以密,如是则骨气以精。谨道如法,长有天命。

四气调神大论

春三月,此谓发陈。天地俱生,万物以荣,夜卧早起,广步于庭,被发缓形,以使志生,生而勿杀,予而勿夺,赏而勿罚,此春气之应,养生之道也;逆之则伤肝,夏为寒变,奉长者少。

夏三月,此谓蕃秀。天地气交,万物华实,夜卧早起,无厌于日,使志勿怒,使华英成秀,使气得泄,若所爱在外,此夏气之应,养长之道也;逆之则伤心,秋为痎疟,奉收者少,冬至重病。

秋三月,此谓容平。天气以急,地气以明,早卧早起,与鸡俱兴,使志安宁,以缓秋刑,收敛神气,使秋气平,无外其志,使肺气清,此秋气之应,养收之道也;逆之则伤肺,冬为飧泄,奉藏者少。

冬三月,此谓闭藏。水冰地坼,勿扰乎阳,早卧晚起,必待日光,使志若伏若匿,若有私意,若已有得,去寒就温,无泄皮肤,使气亟夺。此冬气之应,养藏之道也;逆之则伤肾,春为痿厥,奉生者少。

天气,清净光明者也,藏德不止,故不下也。

天明则日月不明,邪害空窍。

阳气者闭塞,地气者冒明,云雾不精,则上应白露不下。

交通不表,万物命故不施,不施则名木多死。

恶气不发,风雨不节,白露不下,则菀槁不荣。

贼风数至,暴雨数起,天地四时不相保,与道相失,则未央绝灭。

唯圣人从之,故身无奇病,万物不失,生气不竭。

逆春气则少阳不生,肝气内变。

逆夏气则太阳不长,心气内洞。

逆秋气则太阴不收,肺气焦满。

逆冬气则少阴不藏,肾气独沉。

夫四时阴阳者,万物之根本也。所以圣人春夏养阳,秋冬养阴,以从其根;故与万物沉浮于生长之门。逆其根则伐其本,坏其真矣。

故阴阳四时者,万物之终始也;死生之本也;逆之则灾害生,从之则苛疾不起,是谓得道。

道者,圣人行之,愚者佩之。从阴阳则生,逆之则死;从之则治,逆之则乱。反顺为逆,是谓内格。

是故圣人不治已病,治未病;不治已乱,治未乱,此之谓也。夫病已成而后药之,乱已成而后治之,譬犹渴而穿井,斗而铸锥,不亦晚乎?

六节藏象论

帝曰:何谓所胜?岐伯曰:春胜长夏,长夏胜冬,冬胜夏,夏胜秋,秋胜春,所谓得五行时之胜,各以气命其脏。

帝曰:何以知其胜?岐伯曰:求其至也,皆归始春,未至而至,此谓太过,则薄所不胜,而乘所胜也。命曰气淫不分,邪僻内生,工不能禁。至而不至,此谓不及,则所胜妄行,而所生受病,所不胜薄之也,命曰气迫。所谓求其至者,气至之时也。谨候其时,气可与期,失时反候,五治不分,邪僻内生,工不能禁也。

帝曰:有不袭乎?岐伯曰:苍天之气,不得无常也。气之不袭是谓非常,非常则变矣。

帝曰:非常而变奈何?岐伯曰:变至则病,所胜则微,所不胜则甚。因而重感于邪则死矣,故非其时则微,当其时则甚也。

诊要经终论

黄帝问曰:诊要何如?

岐伯对曰:正月、二月,天气始方,地气始发,人气在肝;三月、四月,天气正方,地气定发,人气在脾;五月、六月,天气盛,地气高,人气在头;七月、八月,阴气始杀,人气在肺;九月、十月,阴气始冰,地气始闭,人气在心;十一月、十二月,冰复,地气合,人气在肾。故春刺散俞,及与分理,血出而止,甚者传气,间者环也。夏刺络俞,见血而止,尽气闭环,痛病必下。秋刺皮肤,循理,上下同法,神变而止。冬刺俞窍于分理,甚者直下,间者散下。春夏秋冬,各有所刺,法其所在。

疟论

岐伯曰:夏伤于大暑,其汗大出,腠理开发,因遇夏气凄沧之水寒,藏于腠理皮肤之中,秋伤于风,则病成矣,夫寒者,阴气也,风者,阳气也,先伤于寒而后伤于风,故先寒而后热也,病以时作,名曰寒疟。

帝曰:论言夏伤于暑,秋必病疟。今疟不必应者,何也?

岐伯曰:此应四时者也。其病异形者,反四时也。其以秋病者寒甚,以冬病者寒不甚,以春病者恶风,以夏病者多汗。

帝曰:夫病温疟与寒疟而皆安舍,舍于何藏?

岐伯曰:温疟者,得之冬中于风,寒气藏于骨髓之中,至春则阳气大发,邪气不能自出,因遇大暑,脑髓烁,肌肉消,腠理发泄,或有所用力,邪气与汗皆出,此病藏于肾,其气先从内出之于外也。如是者,阴虚而阳盛,阳盛则热矣,衰则气复反入,入则阳虚,阳虚则寒矣,故先热而后寒,名曰温疟。

帝曰:瘅疟何如?

岐伯曰:瘅疟者,肺素有热。气盛于身,厥逆上冲,中气实而不外泄,因有所用力,腠理开,风寒舍于皮肤之内、分肉之间而发,发则阳气盛,阳气盛而不衰则病矣。其气不及于阴,故但热而不寒,气内藏于心,而外舍于分肉之间,令人消烁脱肉,故命曰瘅疟。

帝曰:善。

厥论

岐伯曰:阴气起于五指之里,集于膝下而聚于膝上,故阴气盛,则从五指至膝上寒,其寒也,不从外,皆从内也。

帝曰:寒厥何失而然也?

岐伯曰:前阴者,宗筋之所聚,太阴阳明之所合也。春夏则阳气多而阴气少,秋冬则阴气盛而阳气衰。此人者质壮,以秋冬夺于所用,下气上争不能复,精气溢下,邪气因从之而上也;气因于中,阳气衰,不能渗营其经络,阳气日损,阴气独在,故手足为之寒也。

刺要论

黄帝问曰:愿闻刺要。

岐伯对曰:病有浮沉,刺有浅深,各至其理,无过其道,过之则内伤,不及则生外壅,壅则邪从之,浅深不得,反为大贼,内动五藏,后生大病。故曰:病有在毫毛腠理者,有在皮肤者,有在肌肉者,有在脉者,有在筋者,有在骨者,有在髓者。

是故刺毫毛腠理无伤皮,皮伤则内动肺,肺动则秋病温疟,淅淅然寒栗。

刺皮无伤肉,肉伤则内动脾,脾动则七十二日四季之月,病腹胀烦,不嗜食。

刺肉无伤脉,脉伤则内动心,心动则夏病心痛。

刺脉无伤筋,筋伤则内动肝,肝动则春病热而筋弛。

刺筋无伤骨,骨伤则内动肾,肾动则冬病胀腰痛。

刺骨无伤髓,髓伤则销铄胻酸,体解㑊然不去矣。

水热穴论

帝曰:春取络脉分肉,何也?

岐伯曰:春者木始治,肝气始生,肝气急,其风疾,经脉常深,其气少,不能深入,故取络脉分肉间。

帝曰:夏取盛经分腠,何也?

岐伯曰:夏者火始治,心气始长,脉瘦气弱,阳气留溢,热熏分腠,内至于经,故取盛经分腠,绝肤而病去者,邪居浅也。所谓盛经者,阳脉也。

帝曰:秋取经俞,何也?

岐伯曰:秋者金始治,肺将收杀,金将胜火,阳气在合,阴气初胜,湿气及体,阴气未盛,未能深入,故取俞以泻阴邪,取合以虚阳邪,阳气始衰,故取于合。

帝曰:冬取井荥,何也?

岐伯曰:冬者水始治,肾方闭,阳气衰少,阴气坚盛,巨阳伏沉,阳脉乃去,故取井以下阴逆,取荥以阳气。故曰:冬取井荥,春不鼽衄,此之谓也。

四时刺逆从论

是故春气在经脉,夏气在孙络,长夏气在肌肉,秋气在皮肤,冬气在骨髓中。

帝曰:余愿闻其故。

岐伯曰:春者,天气始开,地气始泄,冻解冰释,水行经通,故人气在脉。夏者,经满气溢,入络受血,皮肤充实。长夏者,经络皆盛,内溢肌中。秋者,天气始收,腠理闭塞,皮肤引急。冬者盖藏,血气在中,内著骨髓,通于五藏。是故邪气者,常随四时之气血而入客也,至其变化不可为度,然必从其经气,辟除其邪,除其邪,则乱气不生。

帝曰:逆四时而生乱气奈何?

岐伯曰:春刺络脉,血气外溢,令人少气;春刺肌肉,血气环逆,令人上气;春刺筋骨,血气内著,令人腹胀。夏刺经脉,血气乃竭,令人解㑊;夏刺肌肉,血气内却,令人善恐;夏刺筋骨,血气上逆,令人善怒。秋刺经脉,血气上逆,令人善忘;秋刺络脉,气不外行,令人卧不欲动;秋刺筋骨,血气内散,令人寒栗。冬刺经脉,血气皆脱,令人目不明;冬刺络脉,内气外泄,留为大痹;冬刺肌肉,阳气竭绝,令人善忘。

凡此四时刺者,大逆之病,不可不从也,反之则生乱气相淫病焉。故刺不知四时之经,病之所生,以从为逆,正气内乱,与精相薄。必审九候,正气不乱,精气不转。

本病论

子午之年,太阳降地,主窒地阜胜之,降而不入;又或遇土运太过,先天而至,土运承之,降而不入,即天彰黑气,暝暗凄惨,才施黄埃而布湿,寒化令气,蒸湿复令。久而不降,伏之化郁,民病大厥,四肢重怠,阴痿少力,天布沉阴,蒸湿间作。

帝曰:升降不前,晰知其宗,愿闻迁正,可得明乎?

岐伯曰:正司中位,是谓迁正位,司天不得其迁正者,即前司天,以过交司之日,即遇司天太过有余日也,即仍旧治天数,新司天未得迁正也。

厥阴不迁正,即风暄不时,花卉萎瘁。民病淋溲,目系转,转筋,喜怒,小便赤。风欲令而寒由不去,温暄不正,春正失时。

少阴不迁正,即冷气不退,春冷后寒,暄暖不时。民病寒热,四肢烦痛,腰脊强直。木气虽有余,而位不过于君火也。

太阴不迁正,即云雨失令,万物枯焦,当生不发。民病手足肢节肿满,大腹水肿,填臆不食,飧泄胁满,四肢不举。雨化欲令,热犹治之,温煦于气,亢而不泽。

少阳不迁正,即炎灼弗令,苗莠不荣,酷暑于秋,肃杀晚至,霜露不时。民病痎疟,骨热,心悸,惊骇;甚时血溢。

阳明不迁正,则暑化于前,肃杀于后,草木反荣。民病寒热,鼽嚏,皮毛折,爪甲枯焦;甚则喘嗽息高,悲伤不乐。热化乃布,燥化未令,即清劲未行,肺金复病。

阳明不迁正,即冬清反寒,易令于春,杀霜在前,寒冰于后,阳光复治,凛冽不作,民病温疠至,喉闭嗌干,烦躁而渴,喘息而有音也。寒化待燥,犹治天气,过失序,与民作灾。

帝曰:迁正早晚,以命其旨,愿闻退位,可得明哉?

岐伯曰:所谓不退者,即天数未终,即天数有余,名曰复布政,故名曰再治天也。即天令如故,而不退位也。

厥阴不退位,即大风早举,时雨不降,湿令不化,民病温疫,疵废,风生,皆肢节痛,头目痛,伏热内烦,咽喉干引饮。

少阴不退位,即温生春冬,蛰虫早至,草木发生,民病膈热,咽干,血溢,惊骇,小便赤涩,丹瘤,疮疡留毒。

太阴不退位,而取寒暑不时,埃昏布作,湿令不去,民病四肢少力,食饮不下,泄注淋满,足胫寒,阴痿,闭塞,失溺,小便数。

少阳不退位,即热生于春,暑乃后化,冬温不冻,流水不冰,蛰虫出见,民病少气,寒热更作,便血,上热,小腹坚满,小便赤沃,甚则血溢。

阳明不退位,即春生清冷,草木晚荣,寒热间作。民病呕吐,暴注,食饮不下,大便干燥,四肢不举,目瞑掉眩。

太阳不退位,即春寒夏作,冷雹乃降,沉阴昏翳,二之气寒犹不去。民病痹厥,阴痿,失溺,腰膝皆痛,温疠晚发。

方盛衰论

雷公请问:气之多少,何者为逆,何者为从。

黄帝答曰:阳从左,阴从右,老从上,少从下。是以春夏归阳为生,归秋冬为死，反之则归秋冬为生，是以气多少，逆皆为厥。

问曰：有余者厥耶？

答曰：一上不下，寒厥到膝，少者秋冬死，老者秋冬生。气上不下，头痛巅疾，求阳不得，求阴不审，五部隔无征，若居旷野，若伏空室，绵绵乎属不满日。是以少气之厥，令人妄梦，其极至迷。三阳绝，三阴微，是为少气。

下卷　灵枢篇

顺气一日分为四时

黄帝曰：夫百病之所以生者，必起于燥湿、寒暑、风雨、阴阳、喜怒、饮食、居处，气合而有形，得脏而有名，余知其然也。夫百病者，多以旦慧昼安，夕加夜甚，何也？岐伯曰：四时之气使然。

黄帝曰：愿闻四时之气。岐伯曰：春生，夏长，秋收，冬藏，是气之常也，人亦应之，以一日分为四时，朝则为春，日中为夏，日入为秋，夜半为冬。朝则人气始生，病气衰，故旦慧；日中人气长，长则胜邪，故安；夕则人气始衰，邪气始生，故加；夜半人气入脏，邪气独居于身，故甚也。

黄帝曰：其时有反者，何也？岐伯曰：是不应四时之气，脏独主其病者，是必以脏气之所不胜时者，甚；以其所胜时者，起也。

黄帝曰：治之奈何？岐伯曰：顺天之时而病可与期，顺者为工，逆者为粗。

黄帝曰：善，余闻刺有五变，以主五输。愿闻其数。岐伯曰：人有五脏，五脏有五变。五变有五输，故五五二十五输，以应五时。

黄帝曰：愿闻五变。岐伯曰：肝为牡藏，其色青，其时春，其音角，其味酸，其日甲乙；心为牡藏，其色赤，其时夏，其日丙丁，其音徵，其味苦；脾为牝藏，其色黄，其时长夏，其日戊己，其音宫，其味甘；肺为牝藏，其色白，其音商，其时秋，其日庚辛，其味辛；肾为牝藏，其色黑，其时冬，其日壬癸，其音羽，其味咸。是为五变。

黄帝曰：以主五输奈何？藏主冬，冬刺井；色主春，春刺荥；时主夏刺输；音主长夏，长夏刺经；味主秋，秋刺合。是谓五变，以主五输。

黄帝曰：诸原安和，以致六输。岐伯曰：原独不应五时，以经合之，以应其数，故六六三十六输。

黄帝曰：何谓藏主冬，时主夏，音主长夏，味主秋，色主春。愿闻其故。岐伯曰：病在藏者，取之井；病变于色者，取之荥；病时间时甚者，取之输；病变于音者，取之经；经满而血者，病在胃；及以饮食不节得病者，取之于合，故命曰味主合。是谓五变也。

(二)《神农本草经》节录

《神农本草经》①

草（上品）

菖蒲味辛温。主风寒湿痹，咳逆上气，开心孔，补五脏，通九窍，明耳目，出声音。久服轻身，不忘不迷或延年。一名昌阳（御览引云，生石上，一寸九节者，久服轻身云云，大观本，无生石上三字，有云一寸九节者良，作黑字），生池泽。吴普曰：菖蒲一名尧韭（艺文类聚引云，一名昌阳）。名医曰：生上洛，及蜀郡严道，五月十二日采根，阴干。注：端午节前后。

菊花味苦平，主风，头眩肿痛，目欲脱，泪出，皮肤死肌，恶风湿痹。久服，利血气，轻身，耐老延年。一名节华，生川泽及田野。吴普曰，菊花，一名白华，一名女华，一名女茎。名医曰，一名日精，一名女节，一名女华，一名女茎，一名更生，一名周盈，一名傅延年，一名阴成，生雍州。正月才跟，三月采叶，五月采茎，九月采花，十一月采实，皆阴干。

甘草味甘平，主五脏六腑，寒热邪气，坚筋骨，长肌肉，倍力，今创解读，久服轻身延年。名医曰，一名蜜甘，一名美草，一名密草，一鸣露草，生河西积沙山，及上郡，二月八日除日，采根暴干，十日成。

---

① 崔玲主编：《神农百草经》，天津古籍出版社，2009年。

干地黄味甘寒,主折跌绝筋,伤中,逐血痹,填骨髓,长肌肉,作汤,除寒热积聚,除痹,生者尤良,久服轻身不老,一名地髓,生川泽。名医曰,一名苄,一名芑,生咸阳,黄土地者佳,三月八日,采根阴干。

木(上品)

菌桂味辛,温。主百病,养精神,和颜色,为诸药先聘通使,久服轻身不老,面生光华,媚好常如童子。生山谷。名医曰:生交址桂林岩崖间,无骨,正圆如竹,立秋采。

枸杞味苦寒,主五内邪气,热中,消渴,周痹,久服坚筋骨,轻身不老。一名杞根,一名地谷,一名枸忌,一名地辅,生平泽。名医曰:一名羊乳,一名却暑,一名仙人杖,一名西王母杖,生常山,及诸丘陵阪岸,冬采根,春夏采叶,秋采茎实,阴干。

草(中品)

麻黄味苦温,主中风,伤寒头痛,温疟,发表出汗,去邪热气,止咳逆上气,除寒热,破症坚积聚,一名龙沙。吴普曰:麻黄,一名卑相,一名卑坚,神农雷工苦读,扁鹊酸无毒,李氏平,或生河东,四月立秋采。

瞿麦味苦寒,主关格,诸癃结,小便不通,出刺,决痈肿,明目去翳,破胎堕子,下闭血,一名巨句麦生,川谷。名医曰,一名大菊,一名大兰,生大山,立秋采实,阴干。

茱萸味辛温,主温中,下气,止痛,咳逆,寒热,除湿血压痹,逐风邪,开凑理根杀三虫,生山谷。名医曰,生冤句,九月九日采,阴干。

虫鱼(中品)

露蜂房味苦平,主惊痫,寒热邪气,癫疾,鬼精,蛊毒肠痔,火熬之,良,一名蜂肠,生山谷。名医曰,一名百穿,七月七日采,阴干。

蛰廉味咸寒,主血淤,症坚,寒热,破积聚,喉咽痹,内寒,无子,生川泽。名医曰,生晋阳及人家屋间,立秋采。

伏翼味咸平,主目瞑,明目,夜视有精光,久服,令人喜乐,媚好无忧,一名蝙蝠,名医曰,生太山,及人家屋间,立夏后采,阴干。

草(下品)

泽漆味苦微寒,主皮肤热,大腹,水气,四肢面目浮肿,丈夫阴气不足,生川泽。名医曰,一名漆茎,大戟苗也,生太山,三月三日,七月七日,采茎叶,阴干。

陆英味苦寒,主骨间诸痹,四肢拘挛,疼酸,膝寒痛,阴萎,短气不足,脚肿,生川谷。名医曰,生熊耳及冤句,立秋采。

虫鱼(下品)

虾蟆味辛寒,主邪气,破症坚,血痈肿,阴创,服之不患热病,生池泽。名医曰,一名蟾蜍,一名去甫,生江湖,五月五日取,阴干,东行者良。

蛇蜕味咸平,主小儿百二十斤惊痫,蛰疖,癫疾,肠痔,虫毒,蛇痫。火熬之良,一名龙子衣,一名蛇符,一名龙子单衣,一名弓皮,生川谷及田野,名医曰,一名龙子皮,生荆州,五月五日,十五日,取之良。

蜣螂味咸寒,主小儿惊痫,腹胀,寒热,大人癫疾狂易,一名蛣蜣,火熬之良,生池泽,明名医曰,生长沙,五月五日取,蒸藏之。

鼠妇味温酸,主气癃,不得小便,女人月闭,血症,寒热,利水道,一名负蟠,生平谷。名医曰,一鼠妇牛魏郡及人家地上,五月五日取。

本草经佚文

太一子曰:凡药,上者养命,中者养性,下者养病。

春夏为阳,秋冬为阴,春为阳,阳温生万物。

五味,酸苦甘辛咸,养精神强魂魄,五石养髓,肌肉肥泽。诸药,其味酸者,补肝养心,除肾病;其味苦者,补心,养脾除肝病;其味甘者,补肺,养脾,除心病;其为辛者,补肺,养肾除脾病;其味咸者,补肺除肝病。故五味应五行,四体应四时,夫人性生于四时,然后命与于五行,以一补身,不死命神,以母养子,长生延年,以子守母,除病究年。

附诸药制使

立冬之日，菊、卷柏先生，时为阳起石、桑螵蛸，凡十物使，主二百草，为之长。

立春之日，木兰、射干先生，为柴胡、半夏使，主头痛，四十五节。

立夏之日，蜚蠊先生、为人参、茯苓使，主腹中，七节，保神守中。

夏至之日，豕首、茱萸先生，为牡蛎、乌喙使，主四肢，三十二节。

立秋之日，白芷、防风先生，为细辛、蜀漆使，主胸骨，二十四节。

（三）节令食俗与中医时间文化和饮食文化

中医典籍是记录古代医学文化的瑰宝，其中的时间与饮食观念作为中医"未病先防、未老先养"理念的具体实现，充分体现了中医学"阴阳平衡、调和致中"的特点。这既贯穿了中国传统阴阳五行的哲学思想，又与岁时节令的饮食习俗息息相关。

中医重视自然环境和社会环境对健康与疾病的影响，认为人与自然、人与社会是一个相互联系、不可分割的统一体，人体内部也是一个有机的整体。《素问·六节脏象论》中提出"天食人以五气，地食人以五味"，《素问·阴阳应象大论》中指出"味归形，形归气，气归精，精归化"。同时也注重平衡膳食与饮食的节制。《素问·调经论》中指出"扶邪之生也……得之饮食居处"，《素问·口问》中提出"夫百病之始生也，皆生于风雨寒暑，阴阳喜怒，饮食居处"；《素问·五藏生成》中提到"是故多食咸，则脉凝泣而变色；多食苦，则皮槁而毛拔；多食辛，则筋急而爪枯；多食酸，则肉胝䐢而唇揭；多食甘，则骨痛而发落。此五味之所伤也。故心欲苦，肺欲辛，肝欲酸，脾欲甘，肾欲咸"。这些都清晰地展示出饮食不节对五脏、五味的危害；同时注重药食同源，从饮食入药结合时令特点、地域特点来参透四季生命变化规律，并应用到日常生活的方方面面，来增强体质、预防疾病，实现延年益寿。

《黄帝内经·汤液醪醴论》中记载："黄帝问曰：为五谷汤液及醪醴，

奈何？岐伯对曰：必以稻米，炊之稻薪，稻米者完，稻薪者坚。""藏气法时论"篇也提出"五谷为养，五果为助，五畜为益，五菜为充，气味合而服之，以补精益气"。《伤寒杂病论》中的第一方枝桂汤被后世誉为"群方之冠"，《周礼天官》在针对贵族的医药饮食中也提出"疾医学养万民之疾病……以五味、五谷、五药养其病"，充分说明在中医学看来。各种食物的搭配对人体调和正气有重要的现实功用。饮食与节令习俗的结合虽多源于祭祀纪念，然而却符合中医时令养生的基本原理，饮食皆与五脏六腑通，与阴阳平衡相关。

《素问·藏气法时论》载"岐伯曰：肝主春，足厥阴、少阳主治，其日甲乙；肝苦急，急食甘以缓之。心主夏，手少阴、太阳主治，其日丙丁；心苦缓，急食酸以收之。脾主长夏足太阴、阳明主治，其日戊己；脾苦湿，急食苦以燥之。肺主秋，手太阴、阳明主治，其日庚辛；肺苦气上逆，急食苦以泄之。肾主冬，足少阴、太阳主治，其日壬癸；肾苦燥，急食辛以润之。开腠理，致津液，通气也。肝欲散，急食辛以散之，用辛补之，酸泻之。心欲弱，急食咸以弱之，用咸补之，甘泻之。脾欲缓，急食甘以缓之，用苦泻之，甘补之。肺欲收，急食酸以收之，用酸补之，辛泻之。肾欲坚，急食苦以坚之，用苦补之，咸泻之"。

《素问·藏气法时论》明确说，肝色青，宜食甘，粳米、牛肉、枣、葵皆甘。心色赤，宜食酸，小豆、犬肉、李、韭皆酸。肺色白，宜食苦，麦、羊肉、杏、薤皆苦。脾色黄，宜食咸，大豆、豕肉、栗、藿皆咸。肾色黑，宜食辛，黄黍、鸡肉、桃、葱皆辛。辛散、酸收、甘缓、苦坚、咸软。毒药攻邪，五谷为养，五果为助，五畜为益，五菜为充，气味合而服之，以补精益气。此五者，有辛、酸、甘、苦、咸，各有所利，或散、或收，或缓，或急，或坚，或软，四时五脏，病随五味所宜也。

五脏六腑与五味相通，五味具化于饮食之中。春夏秋冬四季调养路径与所用食物（药物）材料的选择都由此发生。春季要保持体内阳气，使之旺盛，夏季炎热酷暑，当戒阴湿而养生，秋季重在滋润，滋阴补气,冬季,秋冬养阳,虚刚补之,寒则温之。元代医学家忽思慧在《饮膳正要》中说"春气温,宜食麦以凉之,夏气热,宜食菽(豆的总称)以寒之,秋气燥,宜食麻以润其燥,冬气寒,宜食黍(黄米)以热性治其寒"①强调饮食要符合四时气候的变化规律。从二十四节气周期循环的视角。以立春到谷雨为例,此时节宜养阳疏肝。立春时要养阳气,疏肝气,咬春迎新食生菜,立春养肝,百病不沾,立春时宜多食用韭菜,有温肾补阳,暖胃健脾之效;食春笋,可利九窍,通血脉,化痰涎,消食积;食香椿,可起到清热解毒,健胃理气,润肤明目,食荠菜,具有健脾利水,止血解毒,降压明目的疗效;食白萝卜可消积滞,化痰清热,下气宽中,解毒;辅以花椒有温中止痛,杀虫止痒之效;食用鲫鱼可和中开胃,健脾利湿;春季多食葱可发汗解表,通阳活血,驱虫解毒。雨水之时,宜养脾胃,调精神。品"龙肉",吃汤圆,可省酸增甘,以养脾气。食南瓜可补中益气,健脾利湿;食黄豆芽,可清热明目,补气养血;食鳙鱼,疏肝解郁,健脾利胃,补虚劳;菠菜,可补血止血,利五脏,通肠胃;蜂蜜,护可肤美容,抗菌消炎,润肠通便;茼蒿,可健胃消食,润肺化痰;莴苣,可止腹痛,止牙血,通小便;豌豆苗,可助消化,益中气,利小便。

  商代,春、夏、秋、冬四次大祭,用捕获的禽兽和种植的五谷、蔬菜祭祀祖先、天地神灵,尤以冬祭规模大而隆重,称为"腊祭",举行冬祭这一天被称为"腊日",魏晋以后,腊日确定为十二月初八,故叫腊八,人们多以五谷杂粮加以、胡桃、桂圆、柿子、赤豆、白果用文火慢炖,清晨和夜晚热食,也为中医食疗配方,李时珍记"粳、栗、粱米做粥,治病甚多,可提神健脑,畅胃气,益精力"是养生健体的好药膳。

  端午节多在芒种日前后,此时气温升高,人体的阳气外越,卫气不固,汗易外泄,易耗气伤津。夏季应养阳,避免和减少阳光的外泄。端午节有包粽子、喝雄黄酒、焚艾草的习俗。《大明本草》载"糯米补中益气",《本草纲目》载"味甘性温,暖脾胃……收自汗",固五月前后食糯米

---

① 忽思慧:《饮膳正要》,中国商业出版社,1988年,第157—160页。

有调节人体阴阳的作用。《神农本草经》载"雄黄,味苦性平,寒,有毒……杀精物恶鬼邪气百虫毒",因此在夏季蛇虫较多的季节,人们将雄黄泡在酒中,在小孩的耳朵、鼻子、脑门、手腕、脚腕处涂抹,可使得蚊虫、五毒不上身。《神农本草经》中记载"艾,山野中自生的菊科本草,性辛温,味苦,具有浓郁的芳香味道,可除湿散寒、温经止血",故端午前后多焚烧艾草,或制青团。

中秋节就是传统的"祭月节"。金秋之时,燥气当令,燥气易伤津液,故饮食应以滋阴润肺为宜。《饮膳正要》中也提到"秋气燥,宜食麻以润其燥,禁寒饮"。因此,中秋习俗吃月饼除取月圆团圆之意,更在于,月饼多以面粉和多种糖果(芝麻、蜂蜜、枇杷、菠萝等)制成,有敢寒润燥之效。《本草纲目》载"菊,春生、夏茂、秋花、冬实……其苗可蔬,叶可啜,花可饵,根实可药,裹以饮之,酿之可饮,自本至末,皆有功。"菊花酒有明目、轻身、补肝气、安肠胃、利血的作用。可以扩冠、强心,解热抗炎,降压,而秋季为心脑血管病多发期,秋天食菊是古人在饮食生活中积累起来的预防疾病、治疗疾病的经验,故九月九日重阳前后人多食菊。处食菊外,部分地区重阳以食莲饵为俗,莲饵是以植物叶子和米面制成的重阳花糕,多含大枣、栗子、山楂、白糖、多种蜜饯干果。《本草纲目》载"九日登高花糕,亦可入药",而秋天为肺令,肝脏属金。花糕健脾、益肺,多秋季食用。

中医饮食养生讲究因时制宜,也极为注重因地制宜。《素问·阴阳应象大论》载"帝曰:余闻上古圣人,论理人形,列别藏府,端络经脉,会通六合,各从其经;气穴所发,各有处名;溪谷属骨,皆有所起;分部逆从,各有条理;四时阴阳,尽有经纪;外内之应,皆有表里,其信然乎?岐伯对曰:东方生风,风生木,木生酸,酸生肝,肝生筋,筋生心,肝主目。南方生热,热生火,火生苦,苦生心,心生血,血生脾,心主舌。中央生湿,湿生土,土生甘,甘生脾,脾生肉,肉生肺,脾主口。西方生燥,燥生金,金生辛,辛生肺,肺生皮毛,皮毛生肾,肺主鼻。北方生寒,寒生水,水生咸,咸生肾,肾生骨髓,髓生肝,肾主耳"。这指出地理方位、季节、与五脏、五味存在对应关系,中医应根据地点气候的变化,来观察五脏六腑的变动,了解发病理论,病源,斟酌使用各地食材、药材或特产进行针对性、个体化的治疗。东方应春,阳生而日暖风和,草木生发,木气能生酸味,酸味能滋养肝气,肝气又能滋养于筋,筋膜柔和则又能生养于心,肝气关联于目;南方应夏,阳气盛而生热,热甚则生火,火气能产生苦味,苦味能滋长心气,心气能化生血气,血气充足,则又能生脾,心气关联于舌;中央应长夏,长夏生湿,湿与土气相应,土气能产生甘味,甘味能滋养脾气,脾气能滋养肌肉,肌肉丰满,则又能养肺,脾气关联于口;西方应秋,秋天天气急而生燥,燥与金气相应,金能产生辛味,辛味能滋养肺气,肺气能滋养皮毛,皮毛润泽则又能养肾,肺气关联于鼻;北方应冬,冬天生寒,寒气与水气相应,水气能产生咸味,咸味能滋养肾气,肾气能滋长骨髓,骨髓充实,则又能养肝,肾气关联于耳。

　　因地制宜的原则在中国传统节令的习俗中也多有体现。《肃宁县志》载"元旦子时盛宴同享,各食扁食,名角子,取更岁交子之义"。"扁食""交子"即现在春节所食饺子,由面粉制皮,葱姜蒜肉蛋等调料与食物揉和做馅料。《本草纲目》中指出"小麦,甘,微寒,无毒","除客热,止烦渴咽燥,利小便,养肝气……令女人易受孕。养心气,心病宜食之"。而饺子内葱姜蒜、香菜、花生、大枣等辛甘发散之品有益于肝气的舒畅条达,有益于人体的阳气的生发,故而春节吃饺子除喜庆团圆、吉祥如意之意,更符合中医养生节气所食。元宵节时人们所吃的元宵由糯米制成,糯米有补中益气,暖脾胃的功效,宜冬季寒冷之时食用,元宵或实心,或带馅料,馅有白糖、瓜子、山楂、芝麻等材料,有益肾、养血、活血散瘀、消食、健脾之效,利于春节大吃大喝之后脾胃的养护。中国南方地区在清明节有食用清明果的习俗,清明果又称青团,是一种用艾草或者麦青汁做成的绿色糕团,内有糖豆沙、肉松、咸蛋黄等馅料,艾味苦,性辛温,是春季疏肝顺气的良药。这些代表性的食俗逐渐演化成了传统节日的一种文化符号。

第三节　韩国与日本医学典籍中的时间文化

（一）《东医宝鉴》节录

津液篇

无汗　汗者血之异名　夺血者无汗　夺汗者无血　盛夏浴食无汗为表实　表实者无汗　三阳实三阴虚　汗不出　三阴实三阳虚　汗不止　真气已亏　胃中火盛则汗出不休　胃中真气已竭　若阴火已衰则无汗反燥　乃阴阳俱衰　四时无汗　其形不久　伤寒阴证皆无汗　阳气有余为身热无汗　阴气有余为多汗身寒　阴阳有余则无汗而寒

绝汗　出汗如珠不流　复旋干也　六阳气俱绝则绝汗乃出　朝占夕死　夕占朝死

柔汗　即冷汗　油汗　粘汗　柔汗发黄为脾绝

汗出凶证　伤寒热病　汗出发润一不治也　汗出如油二不治也　汗凝如珠三不治也

禁忌　冬月　天地闭　血气藏　纵有病亦不宜多出汗　自汗　凡辛辣之味　五辛之属　并忌食之

五脏六腑

五脏中邪　愁忧恐惧则伤心　形寒饮冷则伤肺　以其两寒相感　中外皆伤　故气逆而上行　有所堕坠　恶血留内　若有所大怒　气上而不下　积于胁下则伤肝　有所击仆　若醉入房　汗出当风则伤脾　有所用力举重　若入房过度　汗出浴水则伤肾

五脏正经自病　忧愁思虑则伤心　形寒饮冷则伤肺　恚怒气逆上而不下则伤肝　饮食劳倦则伤脾　久坐湿地强力入房则伤肾

脉辨脏腑　然数者府也　迟者藏也　数则为热　迟则为寒　诸阳

为热　诸阴为寒　故知藏府之病也

　　脏腑异证　病欲得寒而欲得见人者病在府也　病欲得温而不欲得见人者病在藏也　何以言之　府者阳　阳病欲得寒　又欲见人　藏者阴　阴病欲得温　又欲闭户独处　恶闻人声　故以别知藏府之病也　藏病者止而不移　其病不离其处　府病者仿佛贲响　上下行流　居处无常

　　肝伤证　有所坠堕　恶血留内　有所大怒　气上不下　积于胁下则伤肝　大怒气逆则伤肝

　　肝病证　外证　善洁　面青　善怒　内证　脐左有动气　按之牢若痛　其病　四肢满闭　淋涩便难　转筋　邪在肝则两胁中痛　寒中　恶血在内　肝病者两胁下痛　引小腹　令人善怒　肺传之肝

　　肝病间甚　病在肝　愈于夏　夏不愈　甚于秋　秋不死持于冬起于春　肝病者　愈在丙丁　丙丁不愈　加于庚辛　庚辛不死　持于壬癸　起于甲乙　肝病者　平朝慧　下晡甚　夜半静

心脏

　　心伤证　忧愁思虑则伤心　邪客　使魂魄不安者血气少也　血气少者属于心　心气虚者其人多畏合目欲眠　梦远行而精神离散　魂魄妄行　阴气衰者为癫　阳气衰者为狂　心伤者其人劳倦则头面赤而下重　心中痛而自烦发热　脐上跳　其脉弦

　　心病证　外证　面赤　口干　善笑　内证　脐上有动气　按之牢若痛　其病　烦心　心痛　掌中热而哕　邪在心则病　心痛　喜悲时眩仆　肾传之心病　筋脉相引而急　病名曰瘛　心热者色赤而络脉溢也　健忘失记　惊悸不安　心内懊恼　不乐　皆心血少也

　　心病虚实　心藏脉　脉舍神　心气虚则悲　实则笑不休　心藏神　神有余则笑不休　神不足则悲　心实则胸中痛　胁支满　胁下痛　膺背肩胛间痛　两臂内痛　心虚则胸腹大　胁下与腰背相引而痛

　　心病治法　心苦缓　急食酸以收之　心苦缓是心气虚也　心欲软

急食咸以耎之　用咸补之甘泻之　心欲软是心气实也　心病禁温食热衣

心病间甚　病在心　愈在长夏　长夏不愈　甚于冬　冬不死　持于春　起于夏　心病者　愈在戊己　戊己不愈　加于壬癸　壬癸不死　持于甲乙　起于丙丁　心病者　日中慧　夜半甚　平旦静

心绝候　手少阴气绝则脉不通　脉不通则血不流　血不流则色不泽　故其面黑如漆柴者血先死　形体如烟煤　直视摇头者　此为心绝

脾脏

脾伤证　有所击仆　若醉饱入房　汗出当风则伤脾　饮食劳倦则伤脾　脾为谏议大夫　盖饮食人之大欲　心所欲食而脾不能化则不敢食　故名为谏议也

脾病证　外证　面黄　善噫　善思　善味　内证　当脐有动气　按之牢若痛　其病　腹胀满　食不消　体重节痛　怠惰嗜卧　四肢不收　邪在脾胃则病　肌肉痛　阳气有余阴气不足则热中善饥　阳气不足阴气有余则寒中肠鸣腹痛　肝传之脾病　名曰脾风　发瘅　腹中热　烦心　出黄　脾热者色黄而肉蠕动

脾病虚实　脾藏营　营舍意　脾气虚则四肢不用　五藏不安　实则腹胀　泾溲不利　注曰泾大便也　溲小便也　脾实则身重　善肌肉痿　足不收行　善瘈　脚下痛　虚则腹满　肠鸣　飧泄　食不化

脾病治法　脾苦湿　急食苦以燥之　脾苦湿是有余　脾欲缓　急食甘以缓之　脾欲缓是不足　脾病　禁温食　饱食　湿地　濡衣

脾病间甚　病在脾　愈在秋　秋不愈　甚于春　春不死　持于夏　起于长夏　脾病者　愈在庚辛　庚辛不愈　加于甲乙　甲乙不死　持于丙丁　起于戊己　脾病者　日昳慧　日出甚　下晡静

脾绝候　足太阴气绝则脉不荣肌肉　唇舌者肌肉之本也　脉不荣则肌肉软　肌肉软则舌痿人中满　人中满则唇反　唇反者肉先死　环口黧黑　柔汗　发黄者　此为脾绝　太阴终者　腹胀闭不得息　善噫

善呕　呕则逆　逆则面赤　不逆则上下不通　上下不通则面黑皮毛焦而终矣

肺脏

肺脏大小　五藏六府　肺为之盖　白色小理者肺小　粗理者肺大　巨肩反膺陷喉者肺高　合腋张胁者肺下　好肩背厚者肺坚　肩背薄者肺脆　背膺厚者肺端正　胁偏疏者肺偏倾也　肺小则少饮不病喘喝　肺大则多饮善病胸痹喉痹逆气　肺高则上气肩息咳　肺下则气贲迫肺善胁下痛　肺坚则不病咳上气　肺脆则苦病消瘅易伤　肺端正则和利难伤　肺偏倾则胸偏痛也

肺伤证　形寒饮冷则伤肺　肺伤者其人劳倦则咳唾血　其脉细紧浮数　皆吐血　此为躁扰嗔怒得之　肺伤气壅所致　热在上焦　因咳为肺痿　其人咳　口中反有浊唾涎沫　寸口脉数　此为肺痿也　若口中辟辟燥咳　咳则胸中隐隐痛　脉反滑数　此为肺痈也

肺病证　外证　面白　善嚏　悲愁不乐欲哭　内证　脐右有动气　按之牢若痛　其病　喘咳　洒淅寒热　邪在肺则病　皮肤痛　寒热　上气　喘　汗出　咳动肩背　肺病者喘咳逆气　肩背痛　汗出　尻阴股膝髀腨胻足皆痛　虚则少气　不能报息　耳聋　嗌干　风寒入舍于肺　名曰肺痹　发咳上气　肺热者色白而毛败

肺病虚实　肺气虚则鼻息不利少气　实则喘渴胸凭仰息　肺藏气　气有余则喘咳上气　气不足则息利少气　肺实则令人逆气而背痛愠愠然　虚则令人喘　呼吸少气而咳　上气见血　下闻病音

肺病治法　肺苦气上逆　急食苦以泄之　肺气上逆　是其气有余也　肺欲收　急食酸以收之　用酸补之辛泻之　肺病禁寒饮食寒衣

肺病间甚　病在肺　愈在冬　冬不愈　甚于夏　夏不死　持于长夏　起于秋　肺病者　愈在壬癸　壬癸不愈　加于丙丁　丙丁不死　持于戊己　起于庚辛　肺病者　下晡慧　日中甚　夜半静

肺绝候　手太阴气绝则皮毛焦　太阴者行气温于皮毛者也　故气

不荣则皮毛焦　皮毛焦则津液去　皮节伤　皮节伤则爪枯毛折　毛折者则毛先死　汗出　发润　喘不休者　此为肺绝

肾脏

　　肾脏大小　肾者主为外　使之远听　视耳好恶　以知其性　黑色小理者肾小　粗理者肾大　耳高者肾高　耳后陷者肾下　耳坚者肾坚　耳薄不坚者肾脆　耳好前居牙车者肾端正　耳偏高者肾偏倾也　肾小则藏安难伤　肾大则善病腰痛易伤于邪　肾高则苦背膂痛不可以俯仰　肾下则腰尻痛或为狐疝　肾坚则不病腰背痛　肾脆则善病消瘅　肾端正则和利难伤　肾偏倾则苦腰尻痛也

　　肾伤证　有所用力举重　若入房过度　汗出浴水则伤肾　久坐湿地　强力入水则伤肾

　　肾病证　外证　面黑　善恐　数欠　内证　脐下有动气　按之牢若痛　其病　逆气　小腹急痛　泄如下重　足胫寒而逆　邪在肾则病骨痛　阴痹　阴痹者按之而不得　腹胀　腰痛　大便难　肩背颈项痛　时眩　脾传之肾病　名曰疝瘕　少腹冤热而痛　出白　一名曰蛊　注曰　出白　谓溲出白液也　肾热者色黑而齿枯

　　肾病虚实　肾气虚则厥　实则胀　肾实则腹大　胫肿　喘咳　身重　寝汗出　憎风　虚则胸中痛　大腹小腹痛　惊厥　意不乐　肾虚则心悬如饥　善恐

　　肾病治法　肾苦燥　急食辛以润之　开腠理致津液通气也　肾欲坚　急食苦以坚之　用苦补之咸泻之　肾病　禁犯焠㶿　热食　温灸衣　肾本无实　不可泻

　　两脏同一腑　小便清利　脉沉迟　是冷气归肾　小便赤涩　脉沉数　是热气归命门　是肾与命门脉同者谓其所受之病同　归于膀胱一府也

　　肾病间甚　病在肾　愈在春　春不愈　甚于长夏　长夏不死　持于秋　起于冬　肾病者　愈在甲乙　甲乙不愈　甚于戊己　戊己不死

持于庚辛　起于壬癸　肾病者　夜半慧　四季甚　下晡静

肾绝候　足少阴气绝则骨枯　少阴者冬脉也　伏行而濡骨髓者也　故骨不濡则肉不能着也　骨肉不相亲则肉软却　肉软却故齿长而垢发无泽　发无泽者骨先死　少阴终者面黑　齿长而垢　腹胀闭塞上下不通而终矣　溲便遗失　狂言　目反　直视者　此为肾绝也　脉浮而洪　身汗如油

六十岁运气主客及民病

子午之岁　少阴司天　阳明在泉　气化运行先天

初之气　太阳加临厥阴　主春分前六十日有奇　民病关节禁固腰䏶痛　中外疮疡

二之气　厥阴加临少阴　主春分后六十日有奇　民病淋　目赤气郁而热

三之气　少阴加临少阳　主夏至前后各三十日有奇　民病热厥心痛　寒热　更作咳喘　目赤

四之气　太阴加临太阴　主秋分前六十日有奇　民病黄疸　鼽衄嗌干　吐饮

五之气　少阳加临阳明　主秋分后六十日有奇　民乃康

终之气　阳明加临太阳　主冬至前后各三十日有奇　民病上肿咳喘　甚则血溢

丑未之岁　太阴司天　太阳在泉　气化运行后天

初之气　厥阴加临厥阴　主春分前六十日有奇　民病血溢　筋络拘强　关节不利　身重　筋痿

二之气　少阴加临少阴　主春分后六十日有奇　民病瘟疠盛行远近咸若

三之气　太阴加临少阳　主夏至前后各三十日有奇　民病身重胕肿　胸腹满

四之气　少阳加临太阴　主秋分前六十日有奇　民病腠理热　血

暴溢　心腹膜胀　浮肿

五之气　阳明加临阳明　主秋分后六十日有奇　民病皮肤寒气及体

终之气　太阳加临太阳　主冬至前后各三十日有奇　民病关节禁固　腰椎痛

寅申之岁　少阳司天　厥阴在泉　气化运行先天

初之气　少阴加临厥阴　主春分前六十日有奇　民病温气怫于上　血溢　目赤　头痛　血崩　肤疮

二之气　太阴加临少阴　主春分后六十日有奇　民病热郁　咳逆　呕吐　头痛　身热　昏愦　脓疮

三之气　少阳加临少阳　主夏至前后各三十日有奇　民病热中　聋瞆　血溢　脓疮　喉痹　目赤　善暴死

四之气　阳明加临太阴　主秋分前六十日有奇　民病腹满　身重

五之气　太阳加临阳明　主秋分后六十日有奇　民避寒邪　君子周密

终之气　厥阴加临太阳　主冬至前后各三十日有奇　民病心痛　阳气不藏而咳

卯酉之岁　阳明司天　少阴在泉　气化运行后天

初之气　太阴加临厥阴　主春分前六十日有奇　民病中热　腹胀　面目浮肿　善鼽衄

二之气　少阳加临少阴　主春分后六十日有奇　民病疫疠大至　善暴死

三之气　阳明加临少阳　主夏至前后各三十日有奇　民病寒热

四之气　太阳加临太阴　主秋分前六十日有奇　民病暴仆　谵妄　咽干　心痛　痈疡　便血

五之气　厥阴加临阳明　主秋分后六十日有奇　民气和

终之气　少阴加临太阳　主冬至前后各三十日有奇　民病温

辰戌之岁　太阳司天　太阴在泉　气化运行先天

初之气　少阳加临厥阴　主春分前六十日有奇　民病身热　头痛呕吐　肌腠疮疡

二之气　阳明加临少阴　主春分后六十日有奇　民病气郁　中满

三之气　太阳加临少阳　主夏至前后各三十日有奇　民病寒反热中　痈疽　注下　心热　瞀闷

四之气　厥阴加临太阴　主秋分前六十日有奇　民病大热　少气　肌肉痿　足痿　注下赤白

五之气　少阴加临阳明　主秋分后六十日有奇　民气乃舒

终之气　太阴加临太阳　主冬至前后各三十日有奇　民病惨悽孕死

巳亥之岁　厥阴司天　少阳在泉　气化运行后天

初之气　阳明加临厥阴　主春分前六十日有奇　民病寒于右胁下

二之气　太阳加临少阴　主春分后六十日有奇　民病热中

三之气　厥阴加临少阳　主夏至前后各三十日有奇　民病泪出　耳鸣　掉眩

四之气　少阴加临太阴　主秋分前六十日有奇　民病黄疸　胕肿

五之气　太阴加临阳明　主秋分后六十日有奇　民病寒气及体

终之气　少阳加临太阳　主冬至前后各三十日有奇　民病瘟疠

运气之变成疫　夫五运六气　乃天地阴阳运行升降之常道也　五运流行有太过不及之异　六气升降则有逆从胜复之差　凡不合于德化政令者则为变眚　皆能病人　故谓之时气也　一岁之中　病证相同者　五运六气所为之病也

四时生病　春伤于风夏生飧泄　夏伤于暑秋为痎疟　秋伤于湿冬生咳嗽　冬伤于寒春必病温　春伤于风邪气留连乃为洞泄　夏伤于暑秋为痎疟　秋伤于湿上逆而咳发为痿厥　冬伤寒春必病温　脉盛身寒得之伤寒　脉虚身热得之伤暑

伤寒十劝　不可不察〈局方〉

伤寒头痛身热　便是阳证　不可服热药　伤寒六经内　太阴病头不痛身不热　少阴病反发热而无头痛　厥阴病有头痛而无发热　即是阳证　不可妄投热药

伤寒　当直攻毒气　不可补益　邪气在经络中　当随证攻之　或医者却行补益　使毒气流藏　多致杀人

伤寒不思饮食　不可服温脾胃药　伤寒不思饮食　自是常事终无饿死之理　如理中元之类　不可轻服　若热气增重　或至不救

伤寒腹痛　亦有热证　不可轻服温暖药　伤寒腹痛　多是热毒仲景方痛甚者加大黄则意可见也　惟身冷厥逆腹痛　方是阴证　当消息之

伤寒自利　当看阴阳证　不可例服温暖及止泻药　自利　惟身不热手足温者属太阴　身冷四逆者属少阴厥阴　外其余身热下利　皆是阳证　不可用热药

伤寒胸胁痛及腹痛　不可妄用艾灸　伤寒胸胁痛属少阳　腹胀痛属太阴　切不可便用艾灸　多致杀人

伤寒手足厥冷　当看阴阳　不可一例作阴证　伤寒有阴厥有阳厥　当仔细分辨　不可例用热药

伤寒病已在里　即不可用药发汗　伤寒须看表里　若一例发汗则邪气未除　真气先涸　死者多矣

伤寒　饮水为欲愈　不可令病人恣饮过度　病人发渴　当与水以消热气　然不可过多　常令不足为善

伤寒病初差　不可过饱　及饮酒　食羊肉　行房事　病方愈　饮食过饱病即再来　谓之食复　劳动太早病即再来　谓之劳复　犯房室者必死

伤寒戒忌　伤寒新差后　但少吃糜粥　常令稍饥不得饱食　反此则复　不得早起　不得梳头洗面　不得多言　不得劳心费力　反此则

复　　差后百日内　气体未复　犯房室者死　忌食羊鸡狗肉肥鱼油腻诸骨汁及咸藏鲊脯油饼面等物　病则再发

　　中寒证　仲景论伤寒矣　未及乎中寒　先哲治冒大寒而昏中者用附子理中汤　其议药则得之　然曰伤曰中　未有议其异同者　夫伤寒有即病有不即病　必大发热　病邪循经而入以渐而深　中寒则仓卒感受　其病即发而暴　一身受邪　难分经络　无热可发　温补自解　此气太虚也　不急治则死矣　中寒者寒邪直中三阴　卒然昏不知人　口噤　四肢强直　拘急疼痛　若不急治则邪在朝夕　冷极　唇青　厥逆　无脉　阴囊缩者　急用熨法灸法　而脉不出手足不温者死

　　感寒及四时伤寒　寒温不节　将理失宜　乍暖脱衣　甚热饮冷　坐卧当风　居处暴露　冲冒霜雪　凌晨朝起　呼吸冷气　久晴暴暖忽变阴寒　久雨积寒致生阴湿　如此之候　皆为邪厉　侵伤肌肤　入于腠理　使人身体沉重　肢节酸疼　项背拘急　头目不清　鼻塞声重　泪出气壅　胸膈凝滞　饮食不入　凡此之证　若不便行解利　伏留经络　传变无已　大抵感冒　古人不敢轻发汗者　正由麻黄能开腠理　用或不得其宜则导泄真气　因而致虚变生他证　人参养胃汤乃平和之剂　止能温中解表而已　不致妄扰也　杂病　与伤寒相类者极多　凡有感冒轻证　不可便认为伤寒而亡治之　其或可者　盖亦因其不敢放肆　多用和解平和之药散之尔

　　外感挟内伤证　外感无内伤　用仲景法　伤寒挟内伤者十居八九　盖邪之所凑其气必虚　只用补中益气汤出入加减　气虚甚者少加附子　以行参芪之功　伤寒　丹溪用补中益气汤　海藏用九味羌活汤皆是和解之意　不使真气散失也　丹溪海藏诸贤治伤寒　皆以补养兼发散之法　此乃风雨寒热不得虚邪　不能独伤人之旨也　俗医谓伤寒无补法　不分虚实　一例汗下而致夭横　实医门之罪人也　伤寒一证　头疼　身热　恶寒　微渴　溅然汗出　沉困　身痛　脚酸　脉浮虚无力　名曰劳力感寒　不可误作正伤寒大发汗

外感内伤虚证宜补　一妇年七十　患伤寒发热恶寒　诸医以药发散　旬日不效　饮食渐少　昏沉不省　口不能言　眼不能开　咽喉有微气有欲绝之候　六脉虚微　若无以人参浓煎汤　徐徐灌之　连用顿苏　又历十四年而卒　夫人参回元气于无何有之乡　果有起死回生之功

痼冷　痼冷者谓痼久而冷也　痼者固也　冷者寒之甚也　藏府之中停寒不散　调之而沉寒　积冷不解

伤寒有五种　皆以脉理推之　中风之脉　阳浮而滑阴濡而弱　湿温之脉　阳濡而弱阴少而急　伤寒之脉　阴阳俱盛而紧涩　热病之脉　阴阳俱浮浮之而滑沉之散涩　温病之脉　行在诸经不知何经之动也　随其经所在而取之

伤寒十六名　乃伤寒　伤风　伤寒见风　伤风见寒　风湿　中湿　风温　湿温　温毒　中暍　热病　温病　晚发　痓病　温疟　疫疠　湿病有五种　乃风湿　湿温　寒湿　中湿湿痹也　温病有五种　乃春温　风温　温疫　温疟　温毒也

暑

暑者相火行令也　夏至日后病热为暑　暑进相火行令也　夏月人感之　自口齿而入　伤心包络之经　其为证　烦则喘喝　静则多言　身热而烦心　大渴引饮　头疼自汗　倦怠少气　或下血发黄生癍　甚者火热制金不能平木　搐搦不省人事矣

伤寒传变为温为暑　凡病伤寒而成温者　先夏至日者为病温　后夏至日者为病暑　暑当与汗　皆出勿止

暑病形证　伤暑之证　面垢　自汗　身热　背寒　烦闷　大渴　倦怠　少气　毛耸　恶寒　或头疼　或霍乱　或四肢厥冷　但身体无痛　中暑之证　六脉沉伏　冷汗自出　闷绝而昏　不知人矣　太阳中暍者暑病也　发热恶寒　身重　头痛　其脉弦细芤迟　小便已洒洒然毛耸　手足逆冷　少有劳身即热　口开前板齿燥　若发汗则恶寒甚

加温针针则发热甚　数下之则淋甚　何故洒然毛耸　盖热则诸毛孔开　故洒然恶寒　口开前板齿燥者　齿乃骨之精　今燥者骨热也　针药不能治　当灸大椎穴

中暑救急　夏月　在道中　中热暍死者　急扶在阴凉处　取途中热尘土　积死人心　又积脐上作窝　令人尿其中　即活　中暑闷倒　急扶在阴凉处　切不可与冷水　以布巾衣物　蘸热汤　熨脐中及气海　续以热汤淋布上　令暖彻脐腹即渐醒　如仓卒无汤　掬道上热土积于脐上　冷则易之

中暍中热之辨　仲景伤寒论中　一证曰中暍　即中暑也　脉虚而微弱　烦渴引饮　体热自汗　宜补益之剂　一证曰热病　即中热也　脉洪而紧盛　头痛身热　口燥心烦　宜清凉之剂　静而得之为中暑　中暑者阴证　当发散也　或避暑于深堂大厦得之　其证必头痛恶寒　身形拘急　肢节疼痛而烦心　肌肤大热　无汗　乃为房室之阴寒所遏　使周身阳气不得伸越　动而得之为中热　中热者阳证　为热伤元气也　若行人或农夫于日中劳役得之　其证必苦头痛　发躁热恶热　扪之　肌肤大热　必大渴引饮　汗大泄　无气以动　乃为天热外伤肺气

夏暑宜补气　人与天地　同一橐籥　子月一阳生　寅月三阳生　巳月六阳生　阳尽出于上　此气之浮也　人之腹属地气　于此时　浮于肌表　散于皮毛　腹中之阳虚矣　世言夏月伏阴在内　此阴字有虚之义　若作阴冷看　其误甚矣　火令之时　流金烁石　何阴冷之有　孙真人制生脉散　令人夏月服之　非虚而何　火炽之极　金伏之际　寒水绝体于斯时也　故急救之　以生脉散除其湿热　肺欲收心苦缓　皆酸以收之　心火盛则甘以泻之　故人参之甘　佐以五味子之酸　孙真人曰　夏月常服五味子　以补五藏气是也　麦门冬之微苦寒　能滋水之源而清肃肺气　微加黄柏之苦寒　以滋水之流　除两足之痿弱也

暑有冒暑中暑伤暑三证　其腹痛水泻者胃与大肠受之　恶心呕吐者胃口有痰饮　此冒暑也　其身热头疼　躁乱不宁　或身如针刺者

此为热伤在肉分　此伤暑也　其咳嗽　发寒热　盗汗不止　脉数者热在肺经　此中暑也

　　暑风　暑风暑厥者　但以手足搐搦为风　手足逆冷为厥　夏月感寒者　乃取凉之过也　或纳凉于凉亭水阁　风寒以伤其外　又食冰雪生冷　瓜果以伤其内　其证　头疼身痛　发热恶寒　或胸腹痛　呕吐泄泻

　　暑热烦渴　身热自汗　烦渴引饮　即中暍也

　　暑病吐泻　暑毒入肠胃　致腹痛　恶心　呕吐　泄泻

　　伏暑证　伏暑之证　背寒面垢　少有劳身即热　口开前板齿燥小便已洒洒然毛耸　伏暑者　即冒暑久而藏伏三焦肠胃之间　变出寒热往来　霍乱吐泻　疟痢　烦渴　或腹痛下血　每于夏月复发者为伏暑也

　　注夏病　人有遇春末夏初　头痛　脚弱　食少　体热　世俗谓之注夏病　属阴虚元气不足

　　暑热通治药　治暑之法　清心利小便最好　暑伤气　宜补真气为要　夏月多食冷物　过饮茶水冰浆　致伤脾胃吐泻霍乱　故治暑药多用温脾消食治湿利小便之药　须要识此意　病暑者　多无身痛　间有痛者　或为澡浴　水湿相搏耳

　　夏暑将理法　卫生歌曰　四时惟夏难将摄　伏阴在内腹冷滑　补肾汤药不可无　食饮稍冷休哺啜　心旺肾衰何所禁　特忌疏泄通精气　寝处惟宜谨密间　默静志虑和心意　冰浆菜茹不宜人　必到秋来成疟痢　凡盛暑冲热　切不可　以冷水　洗手面　大损人目　夏一季是人脱精神之时　心旺肾衰　肾化为水　至秋始凝及冬乃坚　是故尤慎房室　固养精气　三伏之时　大热伤气　养生家　于此时尤慎之若纵酒恣色则　令人内肾腐烂而死　人之心包络与胃口相应　胃气稍虚　或因饥冒暑则暑毒自口鼻而入　凝之于牙颊　达之于心包　如响应声　遇暑以还　急漱口而勿咽可也

湿乃水气　湿即水也　东南洼下风雨袭虚　山泽蒸气人多中湿　在经则日晡发热鼻塞　在关节则一身尽痛　在藏府则清浊混而大便濡泄　小便反涩　腹或胀满　湿热搏则遍身黄如熏色　水气有毒　能为风湿　疼痹　水肿　面黄　腹大　初自皮肤脚手入　渐至六府　令人大小便涩　至五藏　渐渐加至忽攻心　便死　江湖间露气成瘴　两山挟水中气疟　一冷一热　相激成病症　俱是湿能与人作寒热　消烁骨肉　南土尤甚　大略皆瘴类也

雾露之气为瘴　南方土地卑湿　依山则触岚气　近水则受湿气　东南两广　山峻水恶　地湿沤热　如春秋时月　外感雾毒　寒热胸满不食　此瘴毒从口鼻入也　南方地暖　故太阴之时　草木不黄落　伏蛰不闭藏　杂毒因暖而生　故岭南从仲春迄仲夏　行青草瘴　从季夏迄孟冬　行黄茅瘴　其治法与伤寒无异　惟能别其表里　不妄汗下为好

湿气侵人不觉　风寒暑暴伤人便觉　湿气熏袭人多不觉　其自外而入者　长夏郁热　山泽蒸气　冒雨行湿　汗透沾衣　多腰脚肿痛　其自内得者　生冷酒面滞脾　生湿郁热　多肚腹肿胀　西北人多内湿　东南人多外湿　人居戴履受湿最多　行住坐卧　实熏染于冥冥之中　滞而为喘嗽　溃而为呕吐　渗而为泄泻　溢而为浮肿　湿瘀热则发黄　湿遍体则重着　湿入关节则一身尽痛　湿聚痰涎则昏不知人

雾露清浊之邪中人　寸口阴脉紧者　雾露浊邪中于下焦少阴之分　名曰浑　阴气为栗　令人足胫逆冷　便尿妄出　或腹痛下利　寸口阳脉紧或带涩者　雾露清邪中于上焦太阳之分　名曰洁　阳中雾露之气也　令人发热头痛　项强颈挛　腰痛胫酸　阴阳脉俱紧者　上下二焦俱中邪也　必吐利后脉不紧手足温则愈　若脉阴阳俱紧　口中气出唇口干燥　蜷卧　足冷　鼻涕出　舌上胎滑　勿妄治也

火热生湿　湿本土气　火热能生湿土　故夏热则万物湿润　秋凉则万物干燥　夫热而怫郁则生湿也　因湿生痰　故宜去风行湿　盖风

能胜湿也　凡病湿者多自热生而热气多为兼病　湿病本不自生　因于火热怫郁　水液不能宣通　停滞而生水湿也　六七月之间　湿令大行　燥金受湿热之邪　绝寒水生化之源　源绝则肾亏　痿厥之病大作　腰以下痿软　瘫痪不能动　行步不正　两足敧侧

湿病类伤寒　中湿　风湿　湿温　皆类伤寒　中湿之由　风雨袭虚　山泽蒸气湿流关节　一身尽痛　风湿者其人先中湿　又伤风　故谓之风湿　其人中湿　因而中暑　名曰湿温　伤寒有五　其一为中湿　盖风湿之气中人　为病发热　与温病相类　故曰湿温也　难经曰湿温之脉　阳濡而弱　阴小而急

四气调神　春三月此谓发陈　天地俱生　万物以荣　夜卧早起　广步于庭　被发缓形　以使志生　生而勿杀　予而勿夺　赏而勿罚　此春气之应　养生之道也　逆之则伤肝　夏为寒变　奉长者少　夏三月此谓蕃秀　天地气交　万物华实　夜卧早起　无厌于日　使志无怒　使华英成秀　使气得泄　若所爱在外　此夏气之应　养长之道也　逆之则伤心　秋为痎疟　奉收者少　冬至重病　秋三月此谓容平　天气以急　地气以明　早卧早起　与鸡俱兴　使志安宁　以缓秋刑　收敛神气　使秋气平　无外其志　使肺气清　此秋气之应　养收之道也　逆之则伤肺　冬为飧泄　奉藏者少　冬三月此谓闭藏　水冰地坼　无扰乎阳　早卧晚起　必待日光　使志若伏　若匿　若有私意　若已有得　去寒就温　无泄皮肤　使气亟夺　此冬气之应　养藏之道也　逆之则伤肾　春为痿厥　奉生者少　夫四时阴阳者万物之根本也　所以圣人　春夏养阳　秋冬养阴　以从其根　故与万物沉浮于生长之门　逆其根则伐其本坏其真矣　故阴阳四时者万物之终始也　死生之本也　逆之则灾害生　从之则苛疾不起　是谓得道

以道疗病　臞仙曰　古之神圣之医　能疗人之心　预使不致于有疾　今之医者惟知疗人之疾而不知疗人之心　是犹舍本逐末　不穷其源而攻其流　欲求疾愈不亦愚乎　虽一时侥倖而安之　此则世俗之

庸医　不足取也　太白真人曰　欲治其疾先治其心　必正其心乃资于道　使病者尽去　心中疑虑思想　一切妄念　一切不平　一切人我悔悟平生　所为过恶　便当放下身心　以我之天而合所事之天　久之遂凝于神则自然心君泰宁　性地和平　知世间万事皆是空虚　终日营为皆是妄想　知我身皆是虚幻　祸福皆是无有　生死皆是一梦慨然领悟顿然解释则心地自然清净　疾病自然安痊　能如是则药未到口病已忘矣　此真人以道治心疗病之大法也　又曰　至人治于未病之先　医家治于已病之后　治于未病之先者曰治心曰修养　治于已病之后者曰药饵曰　砭焫　虽治之法有二而病之源则一　未必不由因心而生也

　　虚心合道　白玉蟾曰　人无心则与道合　有心则与道违　惟此无之一字　包诸有而无余　生万物而不竭　天地虽大　能役有形　不能役无形　阴阳虽妙　能役有气　不能役无气　五行至精　能役有数　不能役无数　百念纷起　能役有识　不能役无识　今夫修此理者不若先炼形　炼形之妙在乎凝神　神凝则气聚　气聚则丹成　丹成则形固　形固则神全　故宋齐丘曰　忘形以养气　忘气以养神　忘神以养虚　只此忘之一字则是无物也　本来无一物何处有尘埃　其斯之谓乎

　　学道无早晚　延寿书曰　人者物之灵也　寿本四万三千二百余日（百二十岁）　元阳真气本重三百八十四铢（一斤）　内应乎乾　乾者纯阳之卦也　人昼夜动作施泄　散失元气　不满天寿　至六阳俱尽　即是全阴之人易死也　年到八八　卦数已极　汞少铅虚　欲真元之复不亦晚乎　吁　剥不穷则复不返　阴不极则阳不生　若遇明师指诀信心苦求则　虽一百二十岁　犹可还乾　譬如　树老用嫩枝再接方始得活　人老用真气还补即返老还童　昔马自然　到六十四岁　怕老怕死　汲汲求道　遇刘海蟾　传以长生之诀　遂得寿于无穷　彼何人哉　睎之则是特在一觉顷耳　悟真篇注曰　吕纯阳六十四岁　遇正阳真人　葛仙翁六十四岁　遇郑真人　马自然六十四岁　遇刘海蟾　皆方修

金丹之道而成仙　三仙皆于晚年修道而成　盖是壮年慕道　持戒积符至六十四　方得金丹真传　故成道之速　若夫世人嗜欲丧精　思虑损神　疲劳耗气　真阳既失　虽闻大道于六十四岁之前　亦难成功　倘能绝欲于早年　求道于壮岁　及色身未坏　精气未耗　遇师　得旨下手　速修　庶几可冀三仙之得道也

　　人心合天机　还丹论曰　道以心为用　能知运用者以道观心　心即道也　以心贯道　道即心也　是心也　非人心之心　乃天心之心也　天之居于北极为造化之枢机者此心也　故斗杓一运则四时应节　五行顺序　寒暑中度　阴阳得宜矣　橐籥歌曰　天上日头地下转　海底婵娟天上飞　乾坤日月本不运　皆因斗柄转其机　人心若与天心合　颠倒阴阳只片时　仙经注曰　璇玑　斗也　天以斗为机　人以心为机　心运于身中　犹斗运于天中也　又曰　天机谓半夜子阳初动之时也　天机将至　人能动吾之机　以应之则天人合发　内外相符　结而为丹矣　上阳子曰　人有真一之气　降于丹田中则一阳又复矣　人欲知始阳初回之候　当以暖气　为之信也

　　养性禁忌　养性书曰　善摄生者　无犯日月之忌　无失岁时之和　须知　一日之忌暮无饱食　一月之忌晦无大醉　一岁之忌冬无远行　终身之忌夜不燃烛行房　又曰　喜怒损志　哀戚损性　荣华惑德　阴阳竭精　学道之大忌也　真诰曰　眼者身之镜　耳者体之牖　视多则镜昏　听众则牖闭　面者神之庭　发者脑之华　心忧则面戚　脑减则发白　精者人之神　明者身之宝　劳多则精散　营竟则明消　抱朴子曰　善摄生者　常少思　少念　少欲　少事　少语　少笑　少愁少乐　少喜　少怒　少好　少恶行　此十二少者养性之都契也　多思则神殆　多念则志散　多欲则志昏　多事则形劳　多语则气乏　多笑则藏伤　多愁则心慑　多乐则意溢　多喜则妄错昏乱　多怒则百脉不定　多好则专迷不理　多恶则憔悴无欢　凡此十二多不除则荣卫失度　血气妄行　丧生之本也

四时节宣　养生书曰　春欲晏卧早起　夏及秋欲侵夜乃卧早起　冬欲早卧而晏起　皆益人　虽云早起　莫在鸡鸣前　晏起　莫在日出后　又曰　冬日冻脑　春秋脑足俱冻　此圣人之常法也　常以晦日浴　朔日沐　吉　饥忌浴　饱忌沐　凡人卧　春夏向东　秋冬向西　头勿向北卧　凡大风大雨大雾大暑大寒大雪　皆须勿犯　卒逢飘风暴雨震电昏暗　皆是诸龙鬼神行动经过所致　宜入室闭户烧香静坐以避之　不尔损人　卫生歌曰　四时惟夏难调摄　伏阴在内腹冷滑　补肾汤药不可无　食物稍冷休哺啜　心旺肾衰何所忌　特戒疏泄通精气　寝处犹宜勤密间　默静志虑和心气　冰浆菜果不益人　必到秋来成疟痢　臞仙曰　夏一季　是人脱精神之时　心旺肾衰　肾化为水　至秋乃凝　及冬始坚　尤宜保惜　故夏月不问老幼　悉吃暖物　至秋即不患霍乱吐泻　腹中常暖者诸疾自然不生　血气壮盛也

（二）《皇汉医学》节录

少阳病篇　先辈之论说治验

《漫游杂记》曰："一男子患下疳，修治不顺，如愈如不愈。经数月，秋间浴于温泉，二十日，毒气大发，骨节刺痛，遍身肿胀，不能起作。过十余旬，经治三医，不愈。其兄与余相商，往诊之，不出室者已百余日，脉数气促，夜不安眠，目光莹然，常依悲愁，发乱面肿，溃烂如新发之桃花。诊其腹，脓汁粘手。乃作再造散六十钱、三黄汤二十帖与之。曰：'十日间服尽。'十日后，一人来乞药，且曰：'秽物已下六七行。'又十日，往再诊，病形减半，瘖痱安静。乃作五宝丹，使如法服之，二剂而愈。余曰：'子毋太喜，五宝丹可散毒而不能尽毒。今得愈者，非痊愈也，惟散遍身耳，不日将再发也。'不信，修养有间，三十日，果再发，于是遽服前方。自秋至冬，更越春夏，渐渐平复，惟疮根坚凝未散。余曰：'余毒犹未尽也，宜益服前方。'又一年以上，三十余月而痊愈。呜呼，湿毒浸润，急急难除，有如此者！"

第二章 中医时间文化与饮食文化理论溯源

脉应及诊脉法〔沉〕

"浮沉有得于禀赋者,趾高气扬之辈脉多浮,镇静沉潜之士脉多沉(又肥人之脉多沉,瘦人之脉多浮)。有变于时令者,春夏气升而脉浮,秋冬气降而脉沉也。有因其病而致者,即病在上(人身之上部也)、在表、在府者,其脉浮也;在下、在里、在脏者,其脉沉也。"

太阳病篇　先辈之论说

《类聚方广义》本方条曰:"头痛发热,汗出恶风,肢体倦怠,心下支撑,水泻如倾者,多于夏秋间有之,宜此方。按人参汤主吐利,此方主下利有表证者。"

太阳病篇　五苓散之注释

尾台氏曰:"病在阳,应以汗解云云,是以潠灌劫激,致生变证。犹伤寒脉浮,自汗出,小便数,心烦,微恶寒,脚挛急者,误用桂枝汤,致成种种之转变也。今世无医药常识之辈,其身已有邪热,不以为意,或冒雷雨而上途,或入水游泳而贪凉,至成是证者,夏秋之间,间亦有之,病情正同,宜用文蛤汤连进,可发汗。若用本论文蛤散,则误矣。潠,同噀,《说文》云:'含水喷也。灌,溉也。'《玉函》'弥更'作'须臾'解。"

太阳病篇　先辈之论说

《勿误药室方函口诀》本方条曰:"此方宜于冬时中寒,咽喉疼痛者,虽有发热恶寒可治。"然此证冬时为多,又后世所谓阴火喉癣证,上焦有虚热而喉头糜烂,痛苦不堪,饮食不能下咽,用柑橘汤及其他诸治咽痛之药无寸效者用之,一旦而有效。古本草载有桂枝治咽痛之效,合半夏之签辣,甘草之和缓,而其效尤捷,此古方之妙用也。

少阳病篇　瓜蒂散之注释

恶,是何言也?盖吐方之治,始详于《伤寒论》。所谓伤寒者,正于严寒之时患之,故古语云:"冬时严寒,万类深藏,君子固密,则不伤于寒。触冒之者,乃名伤寒耳。"凡伤四时之气,皆能致病,以伤寒为毒,其最杀厉之气耳(求真按:"此病理是未知细菌学之故,然无害于治术,故不当深责")。且伤寒笃剧之证,以去胸间之结毒为最难,阳明胃实次之,此二证若不用吐下之药,则患难并起,而立毙者不可胜数也。是故虽严寒堕指时,苟有其证,则宜速用其药,盛夏炎热之时亦然,何畏之有哉(求真按:"此说是也")?《论》曰:"伤寒二三日,心下痞硬,脉沉数者,当吐之。"又曰:"太阳中暍,身热而疼重,脉微弱者,一物瓜蒂散主之。"如此二证,卒暴最甚,宜急吐之证也。此证若不用吐剂时,则诸患蜂起,变证杂出,死如反掌矣,可不惧乎?余尝于严寒盛暑之时,当用吐剂者,亦未一见其害。《经》曰:"有故无损也。"

第三章
六合同春：汉字文化圈国家春节食俗与中医药文化

> 正月一日，是三元之日也，谓之端月。鸡鸣而起，先于庭前爆竹，以辟山臊恶鬼。贴画鸡，或斫镂五彩及土鸡于户上。造桃板著户。谓之仙木。绘二神贴户左右，左神荼，右郁垒，俗谓之门神。于是长幼悉正衣冠，以次拜贺。进椒柏酒，饮桃汤。进屠苏酒、胶牙饧。下五辛盘。进敷于散，服却鬼丸。各进一鸡子。凡饮酒次第，从小起。
>
> ——宗懔《荆楚岁时记》

在汉字文化圈内，中国、日本、朝鲜半岛（包括朝鲜民主主义人民共和国和大韩民国）和越南等国家拥有着相似的传统医学知识与传统医学理念，如"协调阴阳""药食同源""治未病"等医学理念。值得注意的是，中日朝越等汉字文化圈国家共同遵奉"药食同源"的传统医学理念，民众在包括岁时节日在内的日常饮食中也或隐或现融入传统医学知识。除滋养集体心灵和集体的胃的功能外，汉字文化圈国家的节日食物还具有顺应自然、养生保健的功能。基于这一事实，通过对于汉字文化圈节日食俗的耙梳整理，并对节日食俗中的医药知识加以分析，对于探索中医药走出去、中医药文化、中医药理念传播有一定的启示意义。

第一节　春节在汉字文化圈国家的流变

历史上，尤其是唐宋时期，同处汉字文化圈的中国、日本、朝鲜半岛、越南长期保持着密切的文化交流。春节（或称新年）是汉字文化圈国家共享的重要节日。中国春节民俗传播到其他国家时，与其他国家的地方文化相互交融，分别形成了独具特色的春节文化。

（一）中国的春节

春节是中国民众最为重视的传统岁时节日，又称为年、元旦、元日、新正、新岁等。早在夏商时期，中国人就已经开始重视春节。汉代时，在司马迁制定《太初历》后基本上一直多将正月定为岁首，正月初一为元旦（或其他称谓）。隋唐以降，春节成为官方和民间共同庆祝的重要节日。

隋朝时，正旦拜贺已经被列为官方的《隋唐礼仪志》载，隋制：正旦及冬至，文物充庭，皇帝出西房，即御座。皇太子卤簿至显阳门外，入贺。复诣皇后御殿，拜贺讫，还宫。晋朝时，荆楚地区的民众已经形成许多庆贺春节的习俗，如燃爆竹、贴画鸡、造桃板、贴门神、拜贺、饮屠苏酒及椒柏酒、进桃汤与胶牙饧等。《荆楚岁时记》载："正月一日，是三元之日也，谓之端月。鸡鸣而起，先于庭前爆竹，以辟山臊恶鬼。贴画鸡，或斫镂五彩及土鸡于户上。造桃板著户。谓之仙木。绘二神贴户左右，左神荼，右郁垒，俗谓之门神。于是长幼悉正衣冠，以次拜贺。进椒柏酒，饮桃汤。进屠苏酒、胶牙饧。下五辛盘。进敷于散，服却鬼丸。各进一鸡子。凡饮酒次第，从小起。"

宋元明清以来，春节日趋完善成熟。至民国北洋政府时期，中国开始改革历法，使用西历并将元旦定到公历 1 月 1 日，阴历元旦被改为春节。但是,民间仍将阴历一月一日作为最为盛大的节日。中华人民共和国成立后,元旦依然在公历1月1日,春节在农历一月一日。2006年,春节习俗被列入国家首批非物质文化遗产名录;2007年,春节被纳入国家法定节假日体系。

(二) 日本的元旦

在日本,古代时多将农历一月一日被称为元旦(日语为"がんたん"),又称为歳旦(日语为"さいたん")或元朝(日语为"がんちょう")。日本元旦习俗受中国春节文化的影响较大。早在日本平安时代,日本宫中已有元日庆贺的习俗,天皇在元日接受臣僚的朝拜并赐宴。《续日本纪》载:"二年春正月,壬戌朔,天皇御大极殿受朝。文武百官及新罗朝贡使拜贺,其仪如常。""(大宝)二年春正月,己巳朔,天皇御大极殿,受朝。亲王及大纳言已上,始著礼服。诸王臣已下,着朝服""庆云元年,春正月,丁亥朔,天皇御大极殿,受朝,五位已上,始坐始设榻焉""(庆云)二年春正月,壬午朔丙申,赐宴文武百官于朝堂""(庆云)三年春正月,丙子朔,天皇御大极殿受朝,新罗使金儒吉等在列,朝廷仪卫,有异于常"。

在明治维新前,元旦逐渐发展成为日本重要的节日,与盂兰盆节、"五节句"一起构成了日本节日体系的基本骨架。明治3年(1870年)时,正月元日还被确定为全国祝祭日。明治维新后,日本废除旧历并使用西历,官方推行农历一月一日的元旦在公历1月1日庆祝。1948年时,元旦还被列入国民祝日之中。目前,日本民众多将公历1月1日称为元旦,不过旧历元旦的部分习俗也被纳入阳历元旦中,"残留的"、"扔掉的"和"创造的"元旦文化同时存在。

(三) 朝鲜半岛的新年

在高丽时代之前,朝鲜半岛已经有庆祝新年的习俗。当时,新罗国的宫廷内有正旦（农历一月一日）拜贺宴会的习惯，还要拜日月神。《隋书·列传第四十六东夷》载："（新罗国）每正月旦相贺，王设宴会，班赉群官。其日拜日月神。"《旧唐书》载："百济国……岁时伏腊，同于中国""（新罗）重元日，相庆贺燕飨，每以其日拜日月神"。至高丽时代，朝鲜半岛形成了"九大俗节"，即元正（农历一月一日）、上元、上巳、寒食、端午、秋夕、重九、八关（又称八关斋、八关斋会，时间在阴历十一月十五）、冬至。

朝鲜时代，元日（元旦）被视为"四大名节"之一。《东国岁时记》中就记载有当时的元旦习俗，如新岁问安、新岁茶礼、岁馔岁酒、尚齿盛典、岁画门排、五行占、元日烧发、夜光、法鼓、日月神、花盘等习俗。近现代以来，新年在朝鲜半岛的韩国和朝鲜都曾被排除出节假日，一度消失在民俗活动中。韩国于1985年开始恢复新年的民俗日身份，并于1999年正式恢复其法定节日地位；朝鲜于1989年开始恢复新年的三大民俗节日身份。目前，目前朝鲜半岛北部称农历一月一日为年节（朝鲜语为"설명절"）或阴历年，南部称春节为阴历新年，也称"舍尔"或"雪日"（"설날"的音译）。

（四）越南的元旦

越南元旦深受中国春节文化的影响。越南阮朝时，越南称阴历正月初一为元旦或正旦，祀先、拜家长是其重要的元旦习俗。《大南一统志》记载：承天府"元旦节，男女各盛装，先谒家祠，次拜家长。三日内亲朋各相往来拜庆"；广南省"至若民间岁辰，元旦祀先……诸节礼与承天略同"；广义省"正旦端阳诸节与广南略同"；广治省"元旦端阳诸节礼风俗，大概与承天同"；广平省"除夕、正旦、端阳、三元，四季诸节，人家各有献先"；平定省"元旦端阳二节，享先祖，祀土神"。记载越南20世纪前后风俗习惯的《安南风俗册》中所记载的"元旦"包括"节日、修饰、礼品、礼拜、试事、酬应、游赏"等内容，其中奉先用整根甘蔗、一匣芙蕾。

第三章 六合同春：汉字文化圈国家春节食俗与中医药文化

目前，越南元旦是从腊月二十三祭灶开始的，是越南最为隆重的节日。越南元旦节的许多习俗深受中国文化的影响。如元旦节期间的祀先、穿新衣、拜年访友、吃团圆饭等习俗；越南也形成了本国独具特色的元旦节"采绿"、花市等习俗。元旦节还被被列入越南官方法定节假日，假期时长为一周。

第二节　汉字文化圈国家的春节食俗

在国家之间的文化交流过程中，各国均形成了一系列的节日食俗。春节作为汉字文化圈国家最为重要的节日之一——仅日本将春节（元旦）时间改为公历1月1日，深刻地反映汉字文化圈国家民众共同的文化心理。通过关注节日食俗、食材选择、烹调方式等方面的内容，有利于加深对于汉字文化圈国家习俗的认知与理解。

（一）中国春节的代表性食物：饺子、年糕、五辛盘、屠苏酒（或椒柏酒）

对于中国人而言，春节是最为盛大和重要的岁时节日，它在古代又被称为元旦、年节、元日、新正等。辛亥革命以后，以公元纪年的公历开始在中国普及使用，公历1月1日代替农历正月初一改称元旦，农历正月初一则被称为春节，自此一直沿用至今。每逢春节，饺子、年糕、五辛盘、屠苏酒（或椒柏酒）等食物是民众欢度节日的重要节日食物。

由于自然环境和地域物产的差异性，导致中国南北方的饮食习惯呈现出较大的差异，形成了"北面南米""北麦南稻"的饮食文化格局。"北面南米"饮食偏好也反映在春节食俗，中国北方和南方的传统春节食物分别是饺子和年糕。迟至明清时期，饺子已经成为北方春节（旧称元旦）的重要节日食物。《燕京岁时记》记载："京师谓元旦为大年初一……是日,无论贫富贵贱,皆以白面作角而食之,谓之煮饽饽,举国皆然,无不同也。"一般而言,汉族人喜食猪肉馅饺子,纯猪肉或猪肉加葱姜的饺子被认为是质量最高的饺子。不过,不同地区的民众在春节食用的饺子馅料还不太相同,如河南豫西南地区流行萝卜猪肉馅、大葱猪肉馅、韭菜鸡蛋馅的饺子;山西地区流行肉菜混合的饺子,肉类包括猪肉、羊肉、牛肉,蔬菜则包括白菜、韭菜等。目前,春节食年糕的习俗主要流行于我国南方地区,寓意着农作物收成和人生境界"年年高"。南方地区的年糕主要以糯米粉为原材料,还会使用糖、红枣、花生等辅料,有蒸、片炒、炸、汤煮等多种烹调方式。

中国还流行过食五辛盘、饮屠苏酒(或椒柏酒)的习俗。五辛盘是由葱、姜、蒜、韭菜、萝卜等辛辣类食物组成,以助发五脏之气。屠苏酒常使用"大黄、白术、桔梗、蜀椒、桂心、乌头"或"细辛、防风、桔梗、花椒、干姜、肉桂、白术"等泡酒制成。椒柏酒则采用花椒和东向的柏枝泡酒制成。目前,饺子和年糕仍分别在我国北方和南方地区的春节食俗中占据着重要地位,食五辛盘、饮屠苏酒(或椒柏酒)的春节食俗的流行范围比较狭窄。

(二)日本元旦的代表性食物:荞麦面、屠苏酒、杂煮

春节在日本被称为元旦。在明治维新之前,日本元旦的日期定在农历正月初一,与中国春节的日期相一致。明治维新以后,日本元旦的日期被修订到公历1月1日。对于日本人来说,荞麦面、杂煮、屠苏酒、红豆粥是元旦的重要时令食物。

荞麦面(又称荞麦切り)是日本民众在大晦日(相当于中国的除夕)的食物。在日本,元旦食用的荞麦面被称为"年越し荞麦""寿命荞麦"。荞麦原产于中亚地区,大约在8世纪从中国经朝鲜传至日本,关东地区的信州和江沪两地的荞麦尤佳。荞麦面的黏性不强,易于消化,既可清汤食用,也可加入天麸罗、蛋黄等配菜,日本民众相信食用荞麦面能够

截断去年的一切晦气。

日本还有元日早晨饮用屠苏酒的习俗。大约在日本平安朝时期，饮用屠苏酒习俗从中国传入日本，起初在日本贵族内流行，后来也在民间广泛流行。日本屠苏酒用清酒配制，现代的屠苏酒除了延续使用山椒、桔梗、防风、白术和大黄外，还增添了陈皮、茴香等药材。《东京年中行事》中"屠苏"条记载，日本屠苏酒添加了白术、桔梗、山椒、防风、肉桂、大黄等中药材而制成。

杂煮是一种日式年糕汤，堪称日本元旦最具代表性的食物之一。它以方形或圆形年糕为主要食材，在味噌汤、小豆汁、盐水、酱油等汤底料中加入萝卜、葱、鸡肉、芜菁、豆腐、海带、人参、牛蒡等辅料，以煮、烧、烤等多种烹制方式制作而成。在日本列岛，地区之间的元日杂煮在年糕形状、杂煮汤底、烹煮方式、所用辅料等方面均存在差异性。不同地区的民众喜欢不同形状的年糕、不同的杂煮汤底。如关西人多食用圆形年糕，以味噌汤为汤底；关东则常食用方形年糕，注重酱油清味的汤底；还有地区兼食方形和圆形年糕。同一地区的不同县区还存在差别。如：关东地区岩手县的杂煮要加入核桃仁，而同属关东地区的新潟地区常食用加入芋头、牛蒡、烧豆腐、菠菜等十种材料的"具沢山"。

除此之外，日本民众每年的1月7日还会食用七草粥（古代日本的农历正月初七也是如此），1月11日还要开镜饼，并用镜饼做红豆粥。

（三）朝鲜半岛春节的代表性食物：年糕汤、打糕、岁酒

自新罗时代以来，朝鲜半岛就开始过春节。目前朝鲜半岛北部称农历一月一日为年节（朝鲜语为"설명절"）或阴历年，南部称春节为阴历新年，也称"舍尔"或"雪日"（"설날"的音译）。朝鲜半岛的民众的阴历年的代表性节日食物包括屠苏酒、年糕汤、打糕、岁酒、八宝饭等。

早在朝鲜王朝时代，整个朝鲜半岛的民众就有饮屠苏酒的习俗。《东国岁时记》记载着朝鲜民众在元日要食岁馔，饮岁酒；《洌阳岁时记》

也有屠苏酒的记载。朝鲜的屠苏酒用山椒、桔梗、防风、桂枝等中药材炮制而成,民众相信喝屠苏酒能够驱除厄运和魔鬼以祈求无病长寿。

当下,对于朝鲜半岛北部的民众而言,年节的重要时食包括糕片汤、粘糕(或称蒸糕)、八宝饭、柿饼汁、水果等。在食用粘糕(或称蒸糕)时,还要搭配生姜桂皮茶和酒酿。其中,糕片汤是这天必不可少的食品。糕片汤实际上就是年糕汤。除此之外,食八宝饭、饮米酒也是阴历年的重要饮食习俗。

对于朝鲜半岛南部的民众而言,农历的元月一日在祭祖后会食用年糕汤(或称米糕片汤),传统的年糕汤需要使用熬煮整夜的牛骨汤做汤底,意寓辞旧迎新、万物更新的纯洁。《东国岁时记》就记载有使用粳米制作白饼和汤饼要加入牛肉汤汁、野鸡肉汤汁。《洌阳岁时记》中也记载"豚肉、牛肉、雉肉、鸡肉"等是制作汤饼汤底的原料。目前,朝鲜半岛南部的民众也常常将年糕和饺子混煮食用。

总体上,朝鲜半岛普遍流行食用糕片汤、打糕、八宝饭、饮用屠苏酒的年节习俗。其中,年糕片汤是最具代表性的年节食俗,它甚至与人们的年龄相联系——成年人询问儿童年龄是常问"吃了几碗年糕汤"。

(四)越南元旦的代表性食物:年粽、糯米饼、五果盘、木鳖饼

越南元旦相当于中国春节,节期与中国相同,是越南最为隆重的传统节日。在越南语中,春节被称为"Têt Nguyên Dán"(元旦或元旦节)、"Têt cã"(最大的节日)、"Têt"(节日)、"Nguyên Đán"(元旦)、"ăn têt"(吃节)。对于越南民众而言,年粽、糯米饼、五果盘、猪脚芦笋汤、木鳖饼等是元旦节的重要节日食物,其中的年粽、糯米饼、五果盘也是越南民众祭祀祖先的供品。

一般而言,越南北部的年粽呈方形,以糯米为主要原料,猪肉和绿豆为馅料,用芭蕉叶包裹煮熟,重量有达半斤左右。越南南部的年粽呈

圆筒形,又称"节饼"或"杠子饼",制作方法与北方类似,不过南部节饼需要将糯米倒入斑兰叶汁中下锅翻炒。越南南部民众在食用时,还会搭配酸菜、腌藠头或煎脆蘸酱油等。

糯米饼是一种由糯米制作的无馅料的圆形糕饼。方形的年粽和圆形的糯米饼或圆柱形的节饼,具有"天圆地方"的寓意,体现出中国宇宙观对于越南民众的深刻影响。五果盘是越南民众祭祖祀先的供品,除却自然环境的因素外,其摆放五果盘所选择的水果与吉利与福禄寿等寓意相联系。

越南北部地区的五果盘喜用青香蕉、黄柚子(或佛手);为彰显其"求得够,花得足"的美好追求,越南南部地区喜欢食用具有的"求""花""够""足"等字的谐音番荔枝、椰子、木瓜、芒果和无花果等水果。

在越南河内地区,木鳖饼是既是河内人元旦的祀先供品,也是饭后甜点。木鳖饼呈现出西红柿的形状,由木鳖果、糯米、绿豆、柚花、椰丝、白糖等为原料蒸制而成,象征着好运与财禄。

除此之外,越南北方还流行着元旦食用猪脚芦笋汤的习俗,它由猪脚、竹笋、木耳为食材,以鱼露、高汤粉等为调料烹煮而成。

第三节 "药食同源"视阈下的春节食俗解读

历史上,中国与日本、朝鲜半岛及越南之间长期存在着医药文化交流活动。在医学文化交流过程中,传统中医学对于日本、朝鲜半岛和越南的传统医学的发展具有重要影响。尤其是《黄帝内经》和《本草纲目》两部典籍,它们对于汉字文化圈国家的医学理论和药物知识方面影响深远,前者阐述了中医学基本理论思想,后者较为系统地总结了中国16世纪以前的中药材知识。这两部典籍都在2011年入选世界记忆遗产名录,如治未病、协调阴阳、药食同源等医学理念深深地嵌刻在汉字文化圈国家的传统医学理念中。

(一) 春节食俗的养生主题

发端于中国的中医药学对于同处汉字文化圈的日本、朝鲜半岛、越南的传统医学影响社员,"药食同源"和"食养为先"是汉字文化圈传统医学的基本共识。中医典籍《黄帝内经太素》载"空腹食之为食物,患者食之为药物";《黄帝内经·素问》载"谷肉果菜,食养尽之,无使过之,伤其正也"。简言之,食物和药物之间的区别在于空腹食用还是病人食用谷肉果菜因其副作用小而在食养方面要优于普通药物。前者反映出了"药食同源"的思想,后者反映出"食养为先"的理论原则。

清代曹庭栋所著的《老老恒言》中更是明确提出"以方药治未病,不若于起居饮食调摄于未病"。日本人丹波康赖所著《医心方》载:"五谷、五畜、五果、五菜,用之充饥则谓之食,以其疗病则谓之药。此谷畜果菜等廿物,乃是五行五性之味,脏腑血气之本也;充虚接气莫大于兹,奉性养生不可斯须离也。"谷畜果菜拥有充饥和疗病的双重功效,反映出日本的"药食同源"(或称"医食同源""食疗")的思想;"奉性养生不可斯须离也"更是反映出"食养"的重要性。古朝鲜人许浚所著的《东医宝鉴》的序言中提及"人之疾病皆生于不善调摄,修养为先,药石次之……"。许浚也明确地提出"修养为先"的观点。越南医生阮天眷亦认为食疗具有"食用范围颇大,安全性高,副作用较小"等特点。由此看来,中国、日本、朝鲜半岛、越南的传统医学有着内在的相似性,这种相似性源自中医药文化在汉字文化圈之中的交流与融通。

所谓"统之有宗,会之有元",中医药思想对于汉字文化圈国家的传统医学均有着深刻的影响,其理论渊源也多可追溯至中医学。故根据传统中医学的相关理论知识,汉字文化圈国家的春节食俗养生的主题大致可概括为:温补阳气、舒肝护肝、清解里热、益气明目。春季是万物生发的时间,天气逐渐转暖,万物复苏。此时,尽管人体内的阳气逐渐升发，但是仍处于较弱的状态，因此需要温补阳气。《素问·四气调神大论》："春夏养阳，秋冬养阴。"按照中医学的观点来看，春天还与肝脏相对，因此舒肝护肝也是春季养生的重点。《素问·藏气法时论》："肝主春……肝苦急，急食甘以缓之……肝欲散，急食辛以散之，用辛补之，酸泻之……肝色青，宜食甘，粳米、牛肉、枣、葵皆甘……辛散，酸收，甘缓，苦坚，咸软。"由于"肝开窍于目"，所以春季护肝时也要注意明目。春节又处于冬春之交，此时人体内还积存着冬季的大量热毒，因此还要注重清解里热。

（二）中国春节食俗与中医药文化

《黄帝内经》和《本草纲目》均是中医学的重要典籍。在《黄帝内经》和《本草纲目》中，药食同源、医食同源是重要的医学思想。如《黄帝内经太素》认为"空腹食之为食物，患者食之为药物"；《本草纲目》中包含谷部、果部、鳞部、兽部、菜部等部类，也包含着大量即可作为食物又可作为药物的物品。"药食同源"思想也体现在民众的岁时节日饮食中。

中国春节的代表性节日食物大多既兼顾营养美味，又具有食疗价值。春节食用饺子的食俗主要流行于我国北方地区，最为常见的是猪肉萝卜馅、猪肉大葱馅、韭菜鸡蛋馅等不同馅料的饺子。猪肉萝卜馅的饺子具有温阳滋阴、清解里热、滋补身体的功效。猪肉萝卜馅的饺子一般会使用到猪肉、白萝卜和姜等原材料。其中的猪肉不仅营养丰富——含有大量蛋白质和能量，也具有补肾养血和滋阴润燥的功效。《本草纲目》记载猪肉具有"压丹石，解热毒……补肾气虚竭"的功效；《随息居饮食谱》则认为猪肉具有"补肾液，充胃汁。滋肝阴，润肌肤，利二便，止消渴，起尪羸"等功效。民间素有"冬吃萝卜夏吃姜"的说法。由于饺子中的猪肉较多，不宜于消化且多食易起痰，所以要加入具有助消化、降气化痰等功效的萝卜。《本草纲目》记载萝卜"根辛、甘""同猪肉食，益人""生食，止渴宽中；煮食，化痰消导"。又由于多食莱菔动气，唯生姜能制其毒,因此民众常常在猪肉萝卜馅的饺子加入姜末。

糯米年糕是流行于我国南方地区的春节食俗。糯米是年糕的主要食材,它具有健补脾胃、补中益气的功效,但是由于糯米性黏,过多食用会不利于消化。为了便于消化,年糕常常还会加入健脾胃、润肠道的食材,如具有补中益气、健脾平胃的功效的大枣;具有悦脾和胃、润肺化痰功效的花生;具有和中助脾、润心肺及大小肠功效的砂糖等辅料。我国古代还有春节食五辛盘、饮屠苏酒的食俗。食五辛盘有助于助发五脏之气。《素问·脏气法时论》认为"辛散、酸收、甘缓、苦坚、咸软"。按照中医学的观点,辛味具有发散、行气的功效,五辛盘所使用蒜、葱、韭、芸薹、胡荽等辛类食物。目前,虽然五辛盘的食俗不再广泛流行,但是葱、姜、蒜还会出现在北方的饺子中,仍发挥着相应的食疗作用。屠苏酒有温阳、祛风、散寒等功效。

据《本草纲目》记载,屠苏酒是由赤木桂心、防风、菝、蜀椒、桔梗、大黄、乌头、赤小豆等中药材煮制而成。古代制作屠苏酒时,药材要在除夕夜悬放在井底一整夜,从而有助于吸收阳气。

(三)日本元旦食俗与中医药文化

食治、食疗的饮食思想在日本流传久远,《本朝食鉴》是日本本草类医书的经典之作,它是由日本医生人见必大参照《本草纲目》并结合日本的具体情况而编著的,记录了大量食物的药性、药效。它也是日本较为系统阐释"医食同源"思想的重要著作。人见必大认为,本邦自古不乏医师,不乏药物,而迄今辨其性者稀矣……论药性者宜归之《纲目》,厥辨旦夕所用之饮食者谁哉?虽有食经、食忌、食治、食疗、食性、食制、食医、食物膳馐、饮膳等书而不协。随着《本朝食鉴》的出现,食物的药性、药效得到了较为系统的整理,也大大促进了"医食同源"或"药食同源"思想在日本的传播流布。

荞麦面是日本人除夕必食的食品,具有降气、宽肠、助消化等功效。

《本朝食鉴》记载：荞麦"甘，微寒，无毒"，具有降气、宽肠、消滞的功效。食用荞麦面时还会加入萝卜汁、花鲣、山葵、橘皮、番椒、紫薹、烧味噌、梅干等食物。其中，萝卜辛温，具有补肾、益胃、滋肝的功效；山葵甘、寒，具有宜脾、利胃、滑肠的功效；橘皮辛温，具有健胃、止咳、化痰等功效。

屠苏酒是日本元旦日早晨饮用的药酒，具有辟恶气与瘟疫的效果，与中国类似。日本人制备药酒所使用花椒的花椒、白术、陈皮、桂皮具有健胃的功效，防风具有发汗、解热的功效，桔梗和陈皮均有化痰的功效。关于屠苏酒，日本古籍多有记载，如《延喜式》《医心方》《本朝食鉴》等均有记载。

元日食杂煮是日本元旦习俗最为重要的食俗，其中糯米是杂煮的主要食材。中日关于糯米的性味及功效具有一致性，糯米具有健脾胃、暖虚寒的功效。《本朝食鉴》记载，糯米甘，温，无毒，脾胃を壮にし、虚寒（虚症にして寒あるおの）を煖め、泄痢を止め、小便の回数を減ちし……杂煮中所使用的汤底也具有药用价值，如味噌汤具有益气、调肠胃、滋心肾、润皮肤的功效，酱油具有杀灭一切饮食及百药毒的功效。《本朝食鉴》载，味噌主治"腹中を補い、気を益し、脾胃を調え、心腎を滋し、吐を定め、四肢を強くし、鬚髮を烏くし、皮膚を潤し……"除此之外，杂煮中的各类辅料不仅增添了元日杂煮的美味外，也多具有药效。如：豆腐具有散血、治眼疾、消胀满、下肠胃浊气的功效；牛蒡被誉为"东洋参"，具有消热、祛痰、润肠、滋阴壮阳等多重功效；鸡肉则具有温中补脾、益气养血的功效。

（四）朝鲜半岛新年食俗与中医药文化

成书并刊行于十七世纪初的《东医宝鉴》对朝鲜半岛的传统医学具有重要的影响，并于2009年被韩国申报进入世界记忆遗产名录。联合国教科文组织曾高度评价该书的价值："《东医宝鉴》集朝鲜和中国两千多年传统中医知识和临床经验于大成。"

《东医宝鉴》对于在朝鲜半岛传统医学中的重要地位。朝鲜半岛具有注重向民众传播乡药知识的传统。《东医宝鉴》记载:"我国乡药多产,而人不能知尔,宜分类并书乡名,使民易识。"因此,注重修养(包括医食同源思想)是韩国传统医学的重要观点。《东医宝鉴》的序言中提及人之疾病皆生于不善调摄,修养为先,药石次之……《东医宝鉴·汤液篇》的药物分类中的禽部、兽部、鱼部、果部、菜部、草部等部类中都包含着大量药食两用的食物,同样也说明医食同源思想在朝鲜半岛的播布。

每逢阴历新年,朝鲜半岛的民众也有饮用由山椒、桔梗、桂枝、防风等药材制作的屠苏酒(或称岁酒)的习俗。屠苏酒的配方中的药材均属于温热之物,具有温阳驱寒、散气的功效。据《东医宝鉴》记载,蜀椒具有温中壮阳、主寒湿的功效;桔梗能"下一切气";桂枝"能散血,分寒邪";防风能"通利五藏……安神定志"。

糕片汤(年糕汤)是朝鲜半岛民众在阴历年必须食用的节日食物。糕片汤中的糕片是由具有补中益气功效的糯米制成的。《东医宝鉴》记载,其性寒,味甘、苦、无毒。补中益气……作酒则热,糟乃温……糕片汤的汤底会使用豚肉、牛肉、雉肉、鸡肉等熬煮的肉汤,也有民众使用牛骨熬制的骨头汤,以上食材熬制的年糕汤汤底具有很好的滋补功效。它们能够发挥补中益气、补虚温中、助养脾胃等功效,《东医宝鉴》中有较为详细的记载。性温热的汤底能够中和糯米的寒凉之性,达到温阳滋阴的效果。

朝鲜半岛北部的民众在食用打糕时要搭配生姜桂皮茶和酒酿的习俗。其中的生姜桂皮茶具有温中健脾、祛除寒湿、利肝肺气的功效。《东医宝鉴》载:生姜"性微温,味辛、无毒……干生姜……治脾胃寒湿";桂皮"性大热,味甘辛有小毒,主温中,通血脉,利肝肺气……"。酒酿是糯米糟化后的产物,由于糯米"糟乃温",所以酒酿具有温阳、助消化等功效。

（五）越南元旦食俗与中医药文化

慧靖所著的《南药神效》《药品南名气味正治歌括》、潘孚先所著的《本草食物纂要》、黎有卓所著的《海上懒翁医宗心领全帙》等有关越南传统医药的书籍均对越南药材的性味和功用有所记载。其中,《海上懒翁医宗心领全帙》记叙了理论、治疗方法、有效南药及其性味用法,完成了具有体系性的越南医学。以上本草类药书中大多包含着谷部、菜部、果部、兽部、鱼部等不同的本草门类,说明"药食同源"的思想在越南传统医学中同样有所体现。

越南年粽是由糯米、猪肉、绿豆等原材料制成的,具有补中益肾、补虚益气、益元明目的功效。《新镌海上医宗心领全帙》记载糯米"味甘温美能柔贴,补中益肾利膏淋,呕吐腹疼脾胃怯"的功效;《南药神效》记载有猪肉具有"补虚益气利膀胱,腰膝耳鸣崩漏服"的功效;绿豆具有"名呼秵豆撑。甘寒无毒带微腥,益元解热除诸毒,利水消毒眼明目"的功效。年粽所佐食的酸菜、腌藠头等还具有消食、促消化的功效。

五果盘常常使用酸味的金橘、柚子,甜味的大枣、无花果、西瓜、香蕉等水果,除了取其谐音寓意外,也兼具食疗的功效。如金橘具有宽中下气、生津止渴的功效,大枣具有调荣养卫、保养五脏的功效,无花果具有开胃和肠的功效,西瓜具有止渴消烦的功效。《南药神效》《药品南名气味正治歌括》《海上懒翁医宗心领全帙》等书籍对这些水果的性味、疗效均有记载。

越南河内省的民众还有食木鳖年饼的习俗。制作木鳖年饼的原料中的糯米具有补益心肾、强健脾胃的功效,绿豆具有补益元气、明目解毒的功效。它所使用的木鳖子除了染色作用外,还具有疏通郁结的功效。《新镌海上医宗心领全帙》记载,木鳖子"无毒甘温通痞塞,托痈消肿治腰疼,痈乳脱肛随服息"。除此之外,板油具有活血润肺、解毒的作用,椰丝具有消解烦热的作用。《南药神效》记载,猪膏(板油)"活血祛风润肺经,解诸毒恶疮虫患";椰子"甘平无毒可充饥,去风盖气消浮肿,霍乱心烦热毒徐"。

附录

附录1：
煮杂了的杂煮

日本人过年有吃杂煮（年糕汤）的习俗，而且在过去，那是要从元日起，连吃三天的，是指早餐。不过现在的日本人，过年连吃三天杂煮的已不多见。但元旦早餐吃杂煮，那倒还保留着"必须地"传统习俗。

不喜欢杂煮，原因很简单，不同于我们在年三十大鱼大肉的盛宴和吃饺子守岁，日本人在年三十晚上是要吃那种忆苦思甜的荞麦面来迎接新年到来的。这已经"是可忍"了，元日早上接着再来一碗野菜清汤煮年糕，嘴巴直接"淡出鸟来"，感觉就有点太对不起辛苦一年的"胃"哥，那就是"孰不可忍"了。

杂煮，日本人过去叫它"煮杂"，顾名思义，也就是把杂七杂八的诸如胡萝卜、蘑菇、萝卜等与年糕一起放在清汤里煮来吃。据说杂煮起源于室町时代的武士社会，那时的武士们在酒宴开始上正菜前都要先来一碗杂煮，取饮酒前先养胃之意，就类似我们的开胃菜。后来就渐渐形成了不先吃杂煮就不能开宴的风习。因是正宴前所食，借其"最初"之意，慢慢地日本人就在每年的一元复始之日，也吃起了杂煮，并赋予了吃杂煮以感谢去年的丰作和祈求在新的一年里丰收、安康等象征意义。

有此好意头，数百年来，杂煮，就被日本人彻底发扬光大，按各地饮食习惯不同，也就形成了各种风格风味的杂煮，日本人美其名曰"杂煮

以食为天的共同时刻：汉字文化圈国家节令食俗与中医药文化传播

文化",杂煮开始被真正煮杂。按地域划分,南部冲绳人受闽南饮食文化影响,吃惯了我们的猪蹄猪舌头猪耳朵,对杂煮就始终不感冒。北海道原住民过去也不吃,但终经不住本岛的同化,听说最近开始也吃杂煮了。其实真正把杂煮煮了个热火朝天翻陈出新的还是关西关东两大地域。关西人做杂煮以白味噌为汤底料,关东人则以酱油清汤味道为主,其中按饮食习惯,这两大地域又细分了好多种,比如关东,长野县主要以盐味为主;岩手县人的杂煮则要以加入核桃仁才为高级;而新潟地区杂煮里加入的东西则包括咸鲑鱼子、芋头、牛蒡、菠菜、烧豆腐等十种材料,号称"具沢山"（配料充足之意）。关西奈良地区的杂煮,汤底料肯定是味噌了,特色是在年糕上弄上点奎宁粉面,以让年糕甜起来,而岛根县的杂煮则是必须用小豆来煮的。不过,关东也罢,关西也好,年糕汤最重要的是必须都要有年糕。一般关西人用圆的年糕,取其"圆满"之意,而关东人据说人多能吃,做圆的不易,就把年糕切成小小的长方块,容易制作,倒也符合了关东人的性格。虽然对年糕汤兴趣不大,但每至年关,喜欢看社区日本人换上和服,头扎白毛巾,弄一木桶木槌,周围围一大群人,然后两个人像我们打铁那样哼呦哎呦打制年糕的场面,看上去就蛮热闹的。总之,用日本人自己的话来说,那就是"日本各色杂煮的碗里,漂浮着的是各地域文化的香气。"

不过,虽也久居日本,但始终却无缘于那杂煮的香气,也尝试过,味道就总是不敢恭维,但毕竟意头好,吃它,是图喜庆讨吉利的事儿。入了乡,自然要随俗,近几年来,元旦早上也就弄上一碗、不过,我是要加上一点辣油和香醋的,就变成了"创意"杂煮,不仅美味,还光大了日本"杂煮文化",嘻嘻！

（有改动）

（原文参见：万景路,日本新华侨报网,2012年12月31日,http://www.jnocnews.jp/news/show.aspx?id=61153）

第三章 六合同春：汉字文化圈国家春节食俗与中医药文化

附录 2：
韩国的春节

虽然 1 月 1 日是新年的开始，但对韩国人来说，农历春节的意义更为重大。

春节意味着农历正月的第一天，作为除旧迎新的日子，人们在这一天祈愿新的一年幸福平安。春节时，全家人会团聚一堂，共度佳节。

今年，韩国的春节假期从 2 月 9 日开始，到 2 月 11 日结束。在春节假期开始的前一天和春节假期的第一天，人们为了回家过春节，开始了"民族大移动"。为了能在春节假期期间回老家过年，很多人在一个月前就提前预订好了火车票或长途汽车票。

回故乡过春节的人们可以和全家人团聚一堂，在行完茶礼以后，一家人一起玩尤茨游戏、踢毽子、跳跳板、放风筝、打陀螺等各种传统游戏。

正月初一那天，人们带着新年新气象，在摆着年糕汤、野菜、水果等贡品的祭祀桌前行茶礼。源于儒教文化的茶礼主要在传统节日时举行，人们摆好各种祭祀饮食供奉祖先，并表达对祖先恩惠的报答之情。茶礼结束之后，人们会把贡品分着吃掉，此举被称为"饮福"，意指"吃祖先吃过的食物，会得到祖先的福气"。

在行完茶礼之后要进行岁拜，这是春节的另一大代表传统。在进行岁拜时，一般先向祖父母和父母行礼，然后按照年龄顺序，由晚辈向长辈行礼。作为答礼，长辈会给晚辈压岁钱，并说一些吉利话。吉利话往往包括"在新的一年里多挣钱"与"各自实现自己的愿望"等。

进行完岁拜以后，全家人会在一起分着吃祭祀桌上的贡品。其中，年糕汤是最具代表性的春节饮食。制作年糕汤的方法是把白米做成的长年糕切成扁平状，然后放在锅里煮熟。年糕汤有祈愿长寿与丰年的意思。在韩国，有"喝上一碗年糕汤，就长了一岁"的传统。虽然年糕汤

以食为天的共同时刻：汉字文化圈国家节令食俗与中医药文化传播

是春节的代表饮食，但是每个地区都不太一样，有的地方就用饺子汤来代替年糕汤。由于春节是韩国极具代表性的节日，因此在春节的饭桌上可以品尝到多样的韩国美食。除了年糕汤以外，还有用各种材料制成的煎饼、年糕、烤牛肉、牛排，以及传统甜点水正果酒酿等。韩国人往往抵制不住春节美食的诱惑，在春节期间和家人们一起一饱口福，然后再在春节假期后努力减肥。

在分享完美食之后，全家人会在一起玩各种传统游戏。尤茨游戏就是传统民俗游戏中的一种，，在投掷完四个半月形的尤茨后，根据结果走步，直到到达终点。该游戏的玩法是，首先将尤茨高高抛起，然后根据平面朝上的尤茨数来走步。三扑一翻为"豚"，两扑两翻为"犬"，一扑三翻为"羊"，全翻为"牛"，全扑为"马"，这些名称都来自于家畜的名字。

除尤茨游戏以外，比赛谁踢得更久的"踢毽子游戏"、把风筝放飞到天上之后想方设法弄断对方风筝线的"放风筝游戏"以及站在长长的跳板上轮番跳的"跳跳板游戏"等多样的传统游戏都大受欢迎。

在春节期间，首尔、釜山、大邱等韩国大城市都举办了多样的迎春节活动。首尔的景福宫、昌德宫、德寿宫于2月10日与11日举办了"拜大年"等可以感受到韩国传统文化的多个活动。在位于景福宫东侧的国立民俗博物馆前，还举行了被列入联合国教科文组织世界非物质文化遗产的"鹰狩"表演，以及踢毽子、打陀螺等韩国传统游戏。

（有改动）

（原文参见：Korea.net 记者 孙智爱，韩国文化体育观光部，2013年02月19日 http://www.mcst.go.kr/chinese/koreaInfo/news/newsView.jsp？pSeq＝978）

附录3：
朝鲜人民的传统节日——年节

朝中社平壤1月27日电　年节是朝鲜自古过的传统佳节。

今年的年节是公历1月28日。

据历史记载，古代扶余在每年正月举行叫"迎鼓"的节日活动。这天，首先进行祭天活动，接下来摆节日大餐，载歌载舞，共同欢乐。这说明，朝鲜从古代就隆重过年节。

经过高句丽、百济、新罗等三国时期，到了高丽时代，年节成为九大节日之一，再到朝鲜封建王朝时期，与中秋节一道便是一大节日。

朝鲜民族把年节视为辞旧迎新、长一岁的日子，怀着新的期待和抱负过了年节。

过年准备从除夕开始，包括对室内室外、房间屋外进行彻底打扫，缝制新衣服，做节日食品等。

年节那天，先是早晨给长辈拜年，再跟邻居交流节日盛餐，还进行尤茨（朝鲜的传统游戏）、玩跷跷板、放风筝等愉快的民俗游戏。

糕片汤、粘糕、糖果糕点、柿饼汁、水果等年节饮食中，糕片汤是这天必不可少的食品。

如今，朝鲜民族的过年风俗顺应时代的要求，得到进一步的继承和发展。

（有改动）

（原文来源：朝鲜中央通讯社，2017年01月27日
http://www.kcna.kp/cn/article/q/caa9ae0a7c70c4bb93e731f00a9b03b413b15f44a3adf3e3aa9bb53a581587570d385a0470d0a16f582cc8b966aad569.kcmsf)

附录 4：
越南人过春节（节选）

自古以来，每逢春节过年，越南人又有选购美味而珍稀的食物之乐，首先是敬献给祖先，然后全家人围在一起品尝分享。这种乐趣渐渐成为了一种有趣的传统文化特色，因为它不仅反映越南人优雅的吃和玩，而且还显示每个地方过年文化特色。

在封建时代过年期间，甲鱼、玳瑁、骨顶鸡、燕窝、九爪鸡等山珍海味专供帝王贵族享用，民间百姓则家家都有"肥肉、腌葱、粽子"，不分贫富。

随着时间的推移，越南人过年产物也讲究多了。以前，只要粽子、腌葱、红对联就充满春节气氛了，如今，除了这些还有其他食品花果，如北部的东草鸡、演柚子、日新桃花、佛手、大黄香蕉；中部的清仙纸花、盛村版画、官廷菜品；南部的黄梅花、新红柚、长条粽、麒麟鸡等。

生活富裕了，很多人已能吃上燕窝、鹦鹉鱼、九爪鸡等珍贵产物，过年也同过去皇帝相差无几。

过年，越南人往往亲手制作讲究、惹眼、带有地区特点的美味佳肴。例如，红河三角洲，自古形成了专门制作新年食品手艺村，如河内筝曲粽子村、约礼扎肉村，河内春鼎糕点果脯村，南定省大黄红烧鱼村等。

在曾经是越南最后封建朝代之都顺化市，至今仍然保留着许多古老的传统过年习俗。以前，顺化有民间过年和官廷过年两种形式。如今，随着历史的变迁，两种形式融为一体。对顺化主妇们来说，过年是她们大显厨艺的好机会。顺化食品丰富多彩，荤品有长条粽、腌菜、鱼露腌牛肉、炸春卷、腌荞头等；甜品有姜片、椰丝、红薯、冬瓜、莲子、芒果等果脯。顺化的素菜也很出名。

南部人过年用长条粽、炸春卷、苦瓜瓤肉、烧肉、红烧肉、香肠等祭祀祖先。长条粽的馅儿有甜有咸，也有无馅儿和什锦馅儿。

第三章 六合同春:汉字文化圈国家春节食俗与中医药文化

越南过年习俗因地而异各有千秋。顺化人喜欢用盛村版画和清仙纸花装潢居室;南部人常用自家园子出的番荔枝、椰子、木瓜、芒果等水果供奉祖先,家家都摆着一支或一盆黄梅,祈求平安吉祥。

越南人重视饮水思源道义,过年往往互送新年礼物。以前,学生送给老师珍贵品种的鸡,以表尊师重道之心;子女赠送父母一块丝绸、一支桃花或一盆梅花,谢其养育之恩;知心朋友赠送对联、图画以加深友情。

大年前夕,从城市到乡村,家家户户打扫房屋,办年货,准备送旧迎新,一片热热闹闹的繁忙景象。大年的几天,人们拜年互祝安康,万事如意。有的请客吃饭,喝酒聊天,实在惬意。

(有改动)

(原文来源:文/通善;图/本报记者,越南画报,2017年01月28日,https://vietnam.vnanet.vn/chinese/越南人过春节/272950.html)

附录5：
过年习俗

每年农历一月一日自古是朝鲜人民的民俗节日。

过年习俗从古朝鲜等古代国家时期开始，历经高句丽、高丽和朝鲜封建王朝时期，传到现在。

年节是朝鲜固有词语。

过年是，一年过后，抱着新希望迎接新年的第一个节日，因此朝鲜人民从准备过年饭菜开始，进行过年活动和民俗游戏，愉快地过年。

过年的节日前夕，认真进行过年准备。

节日临近，准备节日新装和洒扫庭除，同时准备过年的饭菜。

大年三十时，熬夜准备过年饭菜，非常热闹。

过年活动在正月初一凌晨开始进行。

凌晨进行祭祖，就是向去世的祖先拜年。

清晨给亲属长辈拜年。

拜年风俗是反映尊敬长辈，重视礼仪的朝鲜人民美好风气的风俗。给全家人按辈分依次拜年，然后，到村里的长辈和老师家拜年。

过年时，有老年人的家庭简单地准备礼物，给孩子江米条或芝麻糖，给大人提供简单的饭菜。

朋友之间用吉利的话语互相表示祝贺，这叫作德谈。

过年新装称为岁装。过年时，每个家庭都会早起换上准备好的新衣服，在这里大放异彩的是三镶边女袄和朝鲜式女袄。

过年风俗中最重要的是过年饭菜。

过年的饭菜有年糕、蒸糕、片糕等糕类和各种煎饼类、柿饼汁、烤肉、水果等，特别是糕片汤是过年饭菜中不可缺少的。

糕片汤要用野鸡来做，若没有野鸡就用鸡肉、牛肉、猪肉替代。

过年必须吃糕片汤，所以人们也叫"添岁饼汤"。

过年的时候还进行各种民俗游戏。如:尤茨游戏、跳板、放风筝、冰车、风车等,其中最受欢迎的是尤茨游戏。

尤茨游戏是男女老少都喜欢的民俗游戏,漂亮地丢掷尤茨、巧妙地用棋、人们拍掌高兴的笑声,活跃了节日的气氛。

过年习俗伴随着民族的进步,将继续得到继承和发展。

(有改动)

(原文来源:朝鲜信息网,2017年01月01日,http://www.naenara.com.kp/ch/history/? culture+3+633)

附录6：
年节

阴历正月里的节日是年节和正月十五。

在迎接年节时，人们把住房里里外外都打扫干净，穿上新衣服。孩子们和年少者给年长者拜年，邻居之间互相拜年恭贺新禧。

年饭必有年糕汤和年酒。

过年节，常做民间游戏，尤其喜欢玩尤茨和跳板。

正月十五是赏新年头一个满月的日子，所以过得很热闹。正月十五的应时食品有药饭（和八宝饭相似），吃过药饭到后山上去赏月，正月十五前一天，用小米、高粱米、黄米、小豆、江米做五谷饭吃。

过正月十五时，农民用秋秸堆成粮垛模样的"华则"，祈愿当年丰收。

各地又有不同的习俗，如有的地方在这天放野火，最后点上火把到田野上把枯草统统烧掉。

（有改动）

（原文来源：朝鲜信息网，2013年9月28日，http://www.naenara.com.kp/ch/history/? culture＋22＋106）

第四章
清明时节：汉字文化圈国家清明食俗与中医药文化

> 去冬节一百五日，即有疾风甚雨，谓之寒食。禁火三日，造饧、大麦粥。寒食，挑菜。斗鸡，镂鸡子，斗鸡子。三月三日，四民并出江渚池沼间，临清流，为流杯曲水之饮。是日，取鼠曲菜汁作羹，以蜜和粉，谓之龙舌䉽，以厌时气。
>
> ——宗懔《荆楚岁时记》

在中国二十四节气中，清明既是节气，也是节日。清明的时间在春分和谷雨之间，此时气候湿润、天气多变，是疾病多发时期。清明节是春季的重要节日，它不仅是时序的标志和关键节点，也形成了一系列的风俗习惯。在汉字文化圈国家中，中国、韩国、朝鲜、越南曾将清明作为重要节日。在日本的大部分地区，清明仅作为二十四节气之一而存在。相较于中国，日本对清明节的重视程度较低。有学者曾探讨过寒食节未传入日本的原因，他认为寒食节未被接受主要是因为与日本本土文化——关于"秽"的观念相抵触。① 由于清明节在日本未被重视，所以仅研究中、韩、朝、越四国的清明节食俗。在上述汉字文化圈国家中，清明节有着丰富的饮食习俗，这些饮食习俗折射出中医药文化的丰富内涵。

---

① 刘晓峰：《寒食不入日本考》，《清华大学学报（哲学社会科学版）》1995年第3期。

第一节　清明节在汉字文化圈国家的流变

唐宋时期，同处汉字文化圈的朝鲜半岛、越南均与中国有着密切的经济与文化交流。在频繁的贸易往来和文化交流过程中，中国的清明节也随着往来使者、商旅、游学者等传入朝鲜半岛和越南。由于各国在气候、地理、风俗习惯以及地域文化等方面存在差异，清明节习俗在传入后也呈现出了各自的本土特色。

(一) 中国的清明节

中国清明节的形成，是由作为节气的清明、上巳节和寒食节在历史上相互融合而来。早在先秦时代，作为节气的清明已经出现，主要是关乎农业生产和气候观察的节气时间。如《逸周书·时训》中的"清明之日，桐始华"，《管子·幼官》中的"十二，清明，发禁"。上巳节最初是定在农历三月的巳日，自魏晋以降，固定在农历三月三日，主要的习俗有祓禊和游艺。寒食节最早兴起于两汉时期，主要习俗是禁火和祭祀。关于寒食节的传说，主要有"介子推说、星辰信仰说、森林防火说、改火说"四类。[①] 清明作为节日出现，大致兴起于唐代。唐玄宗时，清明寒食开始连在一起放假。《唐会要》载："大历十三年二月十五日敕：自今以后，寒食通清明，休假五日。"自唐以降，清明节的重要地位日益凸显。目前，清明节仍是中国传统节日的重要组成部分，主要的习俗是春季游艺和墓祭传统。同处汉字文化圈的韩国、朝鲜、越南也受到中国清明节文化的影响，形成了独具地方特色的清明文化。

---

① 王咏编：《清明》，三晋出版社，2010，第28页。

（二）朝鲜半岛的"清明"

历史上，朝鲜半岛与中国有着密切的文化交流。位于朝鲜半岛的韩国，三辰日(삼짇날)、寒食(한식)、清明(청명)均是重要的节令。三辰日是在农历三月三，又被称为三辰、三辰节和女人节等。在三辰日，民众上山游玩，食用花煎和"水面"，三辰日前后还会举行设宴招待老人等敬老活动。在朝鲜半岛，寒食节的重要性要大于清明。历史上，它曾与元旦、端午、秋夕被并称为四大传统节日。在高丽时代和朝鲜时代，寒食节已是重要的节日。《东国岁时记》载"在汉城的风俗习惯中，元旦、寒食、端午、秋夕是扫墓、举办祭祀仪式的四大名节"。在一些女诗人的诗词中，也有对寒食节的描述。如南贞一轩在《寒食遣怀》中写"阳长阴消白五天，清明佳节度年年……人送秋千竞半仙……家家上墓羞香稻，吾东美俗讵忘先。"从其诗词来看，寒食节与清明是混同在一起的。吴孝媛的《寒食有感》中亦写道："家家禁火少繁华，寒雨霏霏夕日斜。"由此可见，至少在朝鲜时代时，荡秋千、墓祭、禁火等均是寒食节的重要习俗。目前，虽然寒食节的影响力在位于朝鲜半岛南部的韩国减弱，但是改莎草（即修补坟墓）和墓祭等习俗仍在延续。清明是作为二十四节气之一而存在的，历史上存在过赐火的习俗。《东国岁时记》中曾记载在清明时以榆树和柳树擦出新火送给国王，国王再分发给百官及县令，被称为"赐火"，县令在寒食节分发给民众。目前，清明在韩国主要是作为农业节令。总体来说，朝鲜半岛的"清明"与中国清明节有着许多相似之处，如踏青、墓祭、历史上的赐火等习俗。然而，位于朝鲜半岛的"清明"文化也发展出独具地方特色的习俗，如三辰日的敬老文化、花煎游戏，寒食节的改莎草等习俗文化。

（三）越南的清明

越南与中国可谓是山水相连，历史上有着密切的文化交流，中国的节令文化对其有着深远影响。越南的清明节,又被称为汤团节或汤圆节,越南语被称为"tét Thanh minh"。由于清明和寒食节时间比较接近,所以二者常常被混用。历史上,越南清明节传说,既延续了中国传统的介子推传说,也创造出雒龙君和瓯姬传说、二征娘传说等独具地域特色的节日传说。《安南风俗册》曾记载:"三月初三日为寒食节,亦号清明节,作浮水饼,具酒馔告家先,北人记介子推火化日也,亦有因而省扫坟墓云,民间亦多不用。"① 雒龙君和瓯姬被视为越南人的祖先,二征娘是越南的民族英雄,因此这两个清明传说引申出祖先祭祀和崇祀民族英雄的文化内涵,丰富了越南清明节文化。越南的清明节,主要的习俗则是祭祀祖先、踏青等习俗。

第二节　汉字文化圈国家的清明食俗

清明节起源于中国,但在传入韩国、越南等汉字文化圈国家后,又形成了各自独具特色的清明文化习俗。在清明习俗中,食俗是其中的重要组成部分。受各自文化传统、饮食习惯等因素的影响,汉字文化圈国家形成了各自具有代表性的清明食俗。

(一) 中国清明的代表性食物:青团、馓子、子推馍、乌饭

起源于中国的清明节融合了上巳节和寒食节,形成一系列独特的节令食品,如青团、馓子、子推馍、乌饭等。

青团,又称为清明团、清明粿、清明果等,是中国清明节的代表性食物之一。迟至魏晋南北朝时期,类似青团的节令食物已经开始出现。《荆楚岁时记》记载:"三月三日……是日,取鼠曲菜汁作羹,以蜜和粉,

---

① 陈溢源:《越南汉籍文献述论》,中华书局,2011年,第310页。

谓之龙舌𰀁,以厌时气。"①至明清两代时,青团成为中国南方广大地区的清明节代表性食物。《嘉兴县志》载,寒食节"前后半月内,各具青团、角黍、牲醴以上坟"。《尤溪县志》载,"或用青树叶染成秔米作食团"。《泉州府志》载,"清明……有馃以鼠曲和米粉为之,绿豆为馅"。《清嘉录》载,清明节"市上卖青团、焐熟藕,为居人清明祀先之品"。青团的形状有饺子状、长形、圆形等,常用鼠曲草、艾草、苎麻嫩叶、青菜汁等染色,多用艾叶汁和糯米粉做皮,以韭菜、荠菜、豆腐干等为馅料,浙江地区也有用"佛耳草"汁和糯米粉做皮,以糖豆沙、萝卜丝、春笋等为馅料,常作为节令食物和祀先祭品。

馓子与子推馍也是颇具代表性的清明节食物。馓子、子推馍两类食物是清明节吸收寒食节习俗的体现,两者均是寒具。馓子,古代称为寒具、环饼,是一种油炸食品,口感香酥焦脆。在用料方面,北方多以麦面为主要原料,南方多以糯米粉为主要原料。《本草纲目》载:"以糯粉和面,入少盐,牵索纽捻成环钏之行,油煎食之。"②子推馍流行于北方地区,陕北地区尤为流行。子推馍,也被称为老馍馍,内包红枣或鸡蛋,馍顶上装饰着各种面花。面花是用发酵好的面制作大馒头,再做些花草、虫鸟、兔猪羊等动植物的面塑图案,贴在子推馍上。子推馍常常是自家食用和馈赠亲友的节日佳品。有的地区,在女儿出嫁当年,母亲要送子推馍给女儿。

清明节食乌饭的食俗也具有悠久的历史。在中国两广和四川地区还有吃乌饭的习俗,目前广东长乐用枫叶染饭,广西壮族自治区贵港市用红蓝草做红蓝饭、用乌饭树叶做青精饭。《诗话总龟·咏物门下》载,"杨桐,叶细冬青,临水生者尤茂,居人遇寒食,采其叶染饭,色青而有光,食之资阳气,谓之杨桐饭",说明宋代时就有寒食日吃乌饭的习俗。《广东新语》载,"西宁之俗,岁三月,以青枫、乌桕嫩叶,浸之信宿,以其

---

① 宗懔撰:《荆楚岁时记》,宋金龙校注,山西人民出版社,1987,第38、42页。
② 李时珍:《本草纲目 金陵本 22—25卷》,中国医药科技出版社,2016,第2822页。

胶液和糯蒸为饭,色黑而香……故用之以相饷。南雄以寒食前后……以乌糯饭置牲口祭墓"。① 可见,部分地区也有将乌饭用作食用和墓祭祭品。

除此之外,中国地大物博,清明食俗也是丰富多彩,不同地区还有各具地方特色的清明节食俗。例如,在清明节时,山东即墨吃鸡蛋和冷饽饽、泰安吃煎饼卷生苦菜、晋南人蒸"子福"大馍、江浙地区在清明节食用田螺、闽西吃艾粄、闽东食芥菜、潮汕地区吃薄饼、泉州等地食用润菜饼等。

(二)朝鲜半岛清明的代表性食物:金达莱花饼、艾糕、艾草团子、艾子汤、寒食黄花鱼、寒食荞麦面条、金达莱酒

寒食节是朝鲜半岛的重要春季节日。朝鲜半岛的寒食节节令食品是金达莱花饼、艾糕、艾草团子、艾子汤、寒食黄花鱼、寒食荞麦面条、金达莱酒等。高丽时代,主要是韩国上层统治者关注寒食节。至朝鲜时代寒食节成为重要的传统节日,民众准备水果、点心、酒酿等祭祖。《东国岁时记》中记载着"寒食……要供奉酒、果实、肉干、腌菜、年糕、面条、肉汤、烤肉串等……"。《东国岁时记》记载有食用金达莱花饼的习俗。金达莱花即是中国的杜鹃花,在朝鲜半岛寓意为幸福、吉祥、美好。寒食节食艾习俗可追溯至中国宋朝时期,《宋史·外国传二·高丽》载:"(高丽)上巳日,以青艾染饼,为盘羞之冠。"艾饼是朝鲜半岛上巳节的时食,它应该是现代流行的艾糕、艾草团子的滥觞。除此之外,三辰日时,韩国民众还有食用花煎的习俗。"花煎"是一种用糯米粉制作的煎饼,在制作的过程中点缀上应季的花瓣,三辰日的花煎常用金达莱花做装饰。在三辰日,韩国妇女会举行花煎游戏,即边吃花煎,边歌舞娱乐,甚至形成了花煎歌。

---

① 屈大均:《广东新语注》,李育中等注,广东人民出版社,1991,第339页。

(三) 越南清明的代表性食物：汤圆、汤团、黑糯米饭

在越南，清明节和寒食节是分开的，其代表性食物主要包括汤圆、汤团和黑糯米饭。汤圆和汤团是越南寒食节的代表性食物。汤圆和汤团并非越南寒食节食物的名字，只因它们的制作方法与中国汤圆比较相近，故被称为汤圆和汤团。汤团的主要原料是糯米粉、木薯粉和绿豆等，多以绿豆、椰丝、白糖等为馅料，出锅装碗时常常加入柚花木薯粉汤。汤圆比汤团要小，采用糯米粉、红片糖，切成小方块的红片糖作为汤圆的馅料，出锅装碟时再撒上芝麻。目前，汤圆也会采用菠萝叶、木鳖、番薯等挤压的天然汁液来染出彩色，馅料还会采用红豆、南瓜等原料。在传统社会中，寒食节过后，越南民众才开始吃汤圆和汤团。汤团和汤圆均是越南祭祀天地、祭拜祖先的祭品。历史上，越南还有清明制作黑糯米饭的习俗。《同庆地舆志》载，"清明则设馔扫墓……三月初三日，各家童妇女包黑糯米饭……"。

第三节 "药食同源"视阈下的清明食俗解读

汉字文化圈国家清明食俗中的中医药文化本源相同，梳理各个国家的清明节食俗，一方面为普及和宣传中医药文化知识打下理论基础，另一方面可进一步加强汉字文化圈国家间的中医药文化交流，促进汉字文化圈国家的友好往来，消除文化隔阂，共同传承清明节这一传统文化。

(一) 清明食俗的养生主题

清明前后，昼夜气温变化大，晴雨天气多变。外界气温逐渐升高且阳气旺盛，人体内外阳气交织，容易引发体内积热，遇到昼夜温差变化

时,可能会发生四肢活动不利、外感风寒。各类花卉盛开也容易引发过敏性疾病或呼吸道疾病。清明节是春节的节日,其养生主题符合春季养生原则。《素问·藏气法时论》:"肝主春……肝苦急,急食甘以缓之……肝欲散,急食辛以散之,用辛补之,酸泻之……肝色青,宜食甘,粳米、牛肉、枣、葵皆甘……辛散,酸收,甘缓,苦坚,咸软。"对于清明节来说,此时的饮食应该选择平补的食物,以柔肝养肝为主。

(二)中国清明食俗与中医药文化

从中医学角度来讲,立春后人体内肝气愈盛,至清明时达到最旺。肝气太旺的话,容易引起脾胃不适,从而导致体内消化不良,引发各类疾病。所谓"肝欲散,急食辛以散之,用辛补之,酸泻之",故为避免肝气过旺,宜食用性辛的食物,从而达到疏肝顺气的作用。青团常用艾草、鼠曲草、麦苗、茵陈蒿等植物的汁液作为染色剂,这些染色剂有着疏肝的功效。《本草纲目》载:艾"〔气味〕苦,微温,无毒。〔主治〕……温中逐冷除湿……生温熟热,纯阳也"。茵陈蒿的茎叶"苦,平、微寒,无毒。风湿寒热邪气,热结黄疸。久服轻身益气耐老"。[1] 鼠曲草味甘性平,具有调中益气、祛时令邪气和热咳等功效。麦苗味辛性寒,具有消除黄疸目黄的功效。上述青团染色剂中大多为性辛之物,或具有祛时令邪气的功效。

清明节日食俗中,许多食物原料还有"性甘"特性和"温中补气"的功效。所谓"肝色青,宜食甘,粳米、牛肉、枣、葵皆甘",性甘的食物有助于护肝。馓子"〔气味〕甘、咸,温,无毒。〔主治〕利大小便,润肠,温中益气"。[2] 制作子推馍时,常用大枣。枣性甘温无毒,具有补中益气、坚志强力、除烦闷的功效。青团的染色剂来源之一的鼠曲草味甘性平,具有调中益气。除此之外,制作这些食物的主要材料糯米和小麦也是性甘

---

[1] 刘永山主编:《本草纲目》新校注本,华夏出版社,2008,第649、653页。
[2] 刘永山主编:《本草纲目》新校注本,华夏出版社,2008,第1036页。

之物。糯米味甘性平,具有益颜色、坚筋骨、益肠胃等功效;小麦味甘性平,具有止烦渴咽燥养肝气的功效。

(三)朝鲜半岛清明食俗与中医药文化

在朝鲜半岛,艾草和金达莱花是重要的节日食物原料。历史上,朝鲜半岛的民众曾使用艾草制成艾糕、艾草团子、艾饼等。《东医宝鉴》载:艾叶性温味苦无毒,"主久百病,主妇人崩漏,安胎,止腹痛,止赤白痢……生肌肉,辟风寒……";艾实"主明目,疗一切鬼气,壮阳……"。[1]

金达莱花是朝鲜半岛清明前后的重要食材,金达莱是杜鹃的一种,中国古代又称其为山踯躅、红踯躅、映山红、山石榴。《本草纲目》中说:山踯躅农历二月始开花,"而蒂如石榴花,有红者、紫者、五出者、千叶者。小儿食其花,味酸无毒"。[2] 将金达莱花与米面和好后做煎饼、泡酒,既是时令饮食,又有补肝气的功效。艾糕、艾草团子、艾子汤也是朝鲜半岛清明节代表性食物。艾气味苦,微温,无毒。据《本草纲目》记载,"艾内服可治流行伤寒、蛔虫病、痢疾、下血、盗汗,贴敷、艾灸可治中风、疮、虫蛇咬伤、风虫牙痛"。

(四)越南清明食俗与中医药文化

"天地间,养人性命者惟谷耳。"米是中药炮制中的一种常用辅料。米有大米、糯米、粳米、糙米、粟米等数种。[3] 就清明食俗而言,越南民众会在清明节这天食用糯米制成的汤圆与汤团。《本草纲目》记载,糯米"暖脾胃,止虚寒泄痢,缩小便,收自汗,发痘疮"。《东医宝鉴》记载,粳米"平胃气,长肌肉,温中止痢,益气除烦"。糯米与粳米同属谷部,"得气中和,故其味淡甘而性平和,大补而渗泄,乃可久食而无厌,是大有功

---

[1] 许浚编:《东医宝鉴》,山西科学技术出版社,2014,第836页。
[2] 刘永山主编:《本草纲目》新校注本,华夏出版社,2008,第831页。
[3] 陈明霞、宋伟文:《糯米的药用价值》,《湖南中医药导报》1999年第10期。

于人者也"。二者均能滋补脾胃,温补益气,止寒泄痢,由其制成的食物同有此种功效。汤团、汤圆的馅料中,白糖性甘、温;葛根"〔气味〕甘,辛,平,无毒……〔主治〕消渴,身大热,呕吐,诸痹,起阴气,解诸毒",磨粉效果更好;绿豆"〔气味〕甘,寒,无毒。〔主治〕煮食,消肿下气,压热解毒。热风疹,生研绞汁服,治丹毒烦药石发动,热气奔豚……补益元气,和调五脏,安精神,行十二经脉,去浮风,润皮肤,宜常食之"。

第四章 清明时节：汉字文化圈国家清明食俗与中医药文化

附录

附录1：
今日清明节吃什么传统食物

清明节又叫作踏青节，是中国的传统节日之一，与端午节、中秋节、春节并称为中国传统的四大节日之一，同时清明节也是祭祀和扫墓的节日。很多地方把清明节和寒食节合二为一，因此很多地方的人有着在清明节吃冷食的习惯，那么下面就具体说说各地清明节都有着哪些饮食习俗。

1. 青团

江南地区的人在清明节的时候有吃青团的饮食习俗。青团是用一种叫作浆麦草的植物用工具捣烂之后挤压出汁液，把汁液与糯米粉揉捏成团，这样青团那个青色的皮就做好了，中间包上红豆沙制成的馅料，然后放在蒸笼中蒸熟，出锅之后在表面涂抹上一层菜油，这样青团就做好了。

2. 艾粄

有一句俗语叫作"清明前后吃艾粄，一年四季不生病"，艾粄是客家人在清明节必备的传统食物。艾粄是用艾草煮水之后，把煮过的艾草沥干剁成草泥，越细腻越好，然后用艾草泥，糯米粉还有之前煮艾草的水一起调和揉捏成团，然后再在中间包上芝麻，花生之类的馅料，封口捏成方形或圆形等形状，放入蒸锅中蒸熟，这样艾粄就做好了。

3. 馓子

在清明节的时候，南方和北方都有吃馓子的习俗，馓子是一种油炸食品，虽然南方和北方都会吃馓子，但是南方和北方的做法却有所不同，南方的馓子以米面作为主料，制作精巧细致，而北方的馓子是以麦面作为主料，制作大方洒脱。

4. 暖菇包

泰宁一带的人在清明节的时候有食用暖菇包的饮食习俗。暖菇包是由一种当地人称为暖菇草制作而成，暖菇草的学名叫作鼠曲草，又叫作佛耳草。而暖菇包这种食物不同的地方做法也是不同的，南边制作的时候用的是新鲜采摘的暖菇草，制作成的暖菇包外形像包子，圆形的，而北边制作暖菇包的时候用的是暖菇草磨成的粉末，制作成的暖菇包外形像饺子，月牙形。

5. 子推馍

在清明节的时候有吃子推馍的饮食习俗，是用来纪念介子推不求名利的品质。子推馍的外形像古代将领的头盔，一个有半斤到一斤重，又叫作老馍馍，子推馍的中间包着红枣或者鸡蛋，顶端的四面则贴着面花，面花也就是面做的小馍，可以捏成各种形状。食用子推馍还有一些规定，不同形状的子推馍不同的人食用，像圆形的子推馍是只能男性食用，条形的梭子馍是已婚妇女食用的，而未婚女性则是食用抓髻馍，儿童则是食用不同形状的面花。

6. 鸡蛋

在清明节有食用鸡蛋的饮食习俗，起源于先秦时代的一些地方，并且古人认为在清明节的时候吃鸡蛋，也就是意味着接下来的一整年都有一个好身体。清明节这天的鸡蛋不仅可以吃，还可以拿来玩，主要有两种鸡蛋的玩法，分为画蛋和雕蛋，而画的蛋还可以食用，雕的蛋则是拿来赏玩的。

7. 薄饼

在厦门有一句俗语叫作"清明吃薄饼"，也就是在厦门有清明节扫完

第四章 清明时节：汉字文化圈国家清明食俗与中医药文化

墓之后一家人一起食用薄饼，不仅仅是厦门，闽南多数的地方都有吃薄饼的习俗。老一辈的厦门人在食用卷薄饼的时候，会喜欢在薄饼皮里面放一些煎好的蛋丝，酥脆的海苔还有一些特制的酱料，薄饼里面包了各种蔬菜，有些地方则会选择芹菜和韭菜，因为谐音，让人们勤劳，生命长久。

8. 大葱和蛋饼

青岛人在清明节的时候有吃大葱和蛋饼的习俗，这样意味着聪明伶俐，在以前青岛的民众还会捏面花，捏成白面小鸡，称为"蒸小燕"，所以在清明节的这一天的早晨全家人都要一起吃白面小鸡和鸡蛋。

9. 朴籽粿

在清明节这天有食用朴籽粿的饮食习俗。朴籽粿是将朴籽树叶和果实捣烂和大米磨成的粉末一起发酵，发酵好之后加上食糖，放在模具之中蒸熟，这就是朴籽粿了。朴籽粿一般有两种形状，桃型和梅花型，蒸熟的朴籽粿呈现浅绿色，因为加了糖，味道甘甜。

10. 芥菜饭

闽东地区的人在清明节的时候有吃芥菜的习俗，而芥菜和大米煮制成的芥菜饭据说食用了之后接下来的一整年都不会长疥疮。

11. 枣糕

在北方有在清明节的时候吃枣糕的习俗，枣糕是由醛糟发面之后中间夹上枣然后蒸食，并且春季养生适宜省酸增甘，吃点大枣能够健脾养肝。

12. 清明饭

清明饭顾名思义就是在清明节的时候吃的饭，清明饭是由各种可以食用的青草药制作而成的。一般常用的青草药有荠菜，枸杞叶，艾草，麻叶，鸡矢藤，白公翁等，将这些青草药洗净煮熟之后与糯米红糖等一起捏成饭团，最后蒸熟即可。

13. 菠菠粿

福州人在清明节这天要食用菠菠粿，这是用一种南方特有的野菜叫作菠菠菜捣烂成汁,之后与米浆一起揉制成粿皮,中间包上红豆沙,萝卜丝等馅料,蒸煮之后就是菠菠粿了。菠菠草味甘,性凉,食用之后对人体有益。

14. 子福

在晋中一带地区有着清明节吃子福的习俗,晋中很多地方有祭祀之后,分吃祭祀食品的习俗,其中就包含子福。子福是白面蒸成的大馍,中间包有红枣,核桃,豆子等,而外部则是盘成龙形,龙身的中间则扎着一个鸡蛋,因此取名叫作子福。

15. 乌稔饭

畲家族在清明节有食用乌稔饭的饮食习俗,乌稔饭是畲家族中家家户户都会煮制的食物,并且会馈赠于亲朋好友包含汉族的朋友,因此在之后,汉族人也就形成了在清明节吃乌稔饭的习俗。

16. 欢喜团

四川成都人在清明节有食用欢喜团的饮食习俗,欢喜团是用炒米制作成团,然后用线穿过,大小不一,颜色不一,因此叫作欢喜团。

17. 润饼菜

泉州人在清明节的时候有食用润饼菜的习俗,润饼菜是由面粉烘制成薄皮,在食用的时候中间包裹上海蛎、肉丝、胡萝卜丝、芫荽等食材,然后食用,口感清爽味道甜润。

18. 粽子

大家都知道粽子是在端午节的时候食用,用来纪念屈原的节令食品,但是最初吃粽子并不是在端午,而是在清明节的前一天,因此还有很多地方有在清明节的时候吃粽子的习俗。

(有改动)

(原文来源:食品科技网,2018年4月5日,

https://www.tech-food.com/kndata/detail/k0250978.htm)

附录 2：
越南的汤圆节

农历每年三月三，家家户户的女性成员都会聚在一起，用米粉、红糖和绿豆包制汤圆。在木薯粉汤里漂着白乎乎的汤圆，柚花香溢满了整间屋子，看到此情此景，人们才意识到，三月寒意犹存，街角的黄檀花落满一地。

越南学者认为，汤圆节脱胎于寒食节。在汉语中，寒食的意思就是吃冷食。这个节日起源于中国春秋时期介子推的故事。越南李朝时期也出现了寒食节，不过其目的是拜佛和祭祀祖先。与中国寒食节不同的是，越南人过寒食节不禁烟，并主要食用汤圆，因而称为"汤圆节"。目前，越南北部各省和河内郊区仍有三月吃汤圆的习俗。

许多越南人小时候，盼着过汤圆节，因为喜欢汤圆的软软滑滑、香香甜甜。长大了，又喜欢跟全家人一起包汤圆，因为里面有家的温馨。河内黄花探初中四年级学生小花说："每年农历三月三，外婆与妈妈就包汤圆，孩子也来帮忙。对我们来说，这就像一个游戏。捣糯米、去绿豆皮、炒芝麻，掏椰肉都很有意思，特别是亲手包出一个个圆形的、异形的元宵和汤圆，非常开心。我们有的包，有的把汤圆捞出锅，都争着做，高兴得很。"

汤圆粉主要是用糯米粉加上温水后揉成。红糖汤圆馅料一般用红糖，尤以杨柳和沙桂牌最佳。包成后，倒入开滚水锅煮，加三次就煮熟了，马上捞出来倒入装冷水的大碗，这样汤圆就会软而不破，然后再捞出来摆在小碟子里，食用时加上白芝麻，味道更佳。绿豆汤圆也要使用糯米粉加上温水揉成汤圆粉，把小绿豆去皮、煮熟、捣碎、加上白糖包在汤圆里做馅。煮熟的汤圆倒在柚花木薯粉汤里食用。

有人认为，越南的汤圆节与貉龙君与瓯姬母生百卵的传说有关。

如果此说成立,那么汤圆节除了具有寒食节的信仰元素外,也有教育越南子孙后代心系民族之根,巩固民族大团结的含义。

(有改动)

(原文来源:越南之声广播电台,2012年4月19日,http://vovworld.vn/zh－CN/听友论坛/越南的汤圆节－80370.vov)

附录 3：
韩国清明寒食习俗

韩国受到中国文化的影响，也有过清明的习俗。在韩国，清明是农历二十四节气之一，在春分和谷雨之间，每年太阳到达黄经15度时开始，今年是4月4日。

古代，冬至后第100天，气清景明，万物变得洁净而清明，因此这一天被称为"清明"。自古以来，因清明和寒食仅隔一天或同一天，人们通常将这两个节气相提并论。每年清明寒食来临之际，天气变得暖和晴朗，花草发芽，阳光和煦，万象更新，春意融融，大地充满了生机，这一景象会持续到谷雨之前。这时候大地充满生机，呈现新的气象，农民开始下田翻土或播种，为耕田做好准备。当然这个时候也适合种植花草树木。不仅如此，天气不冷也不热，很适合春游赏春花。

另外，在清明、寒食前后，风很大，容易着火，因此古人习惯在这个时候不生火煮饭，只吃之前准备好的食物。

朝鲜王朝时代，寒食是四大节日之一，每逢这一节日，皇亲国戚在宗庙举行祭礼，还给官员放假，让官员回家上坟扫墓，从此民间就形成了清明寒食前后扫墓和春游的习俗，这一习俗一直流传到今天。

因此，如今每逢清明寒食来临之际，韩国大街小巷的花店都摆满了菊花等素色的鲜花，专供人们扫墓时使用，在祖坟前献上一束鲜花表达对祖先的景仰和怀念。

在清明寒食前后扫墓或修墓对老一代来说是一件很重要的事情，所以老一代通常都会清明寒食前后或当天扫墓或修墓来缅怀先人。这时候,人们在祖坟前摆好酒、水果、年糕等祭品,然后郑重地行礼祭拜。祭品里的酒不是白酒,而是用大米酿造的清酒。

(有改动)

(原文来源:KBS WORLD Radio,2012 年 04 月 29 日,http://world.kbs.co.kr/service/contents_view.htm?lang＝c&menu_cate＝lifestyle&id＝&board_seq＝225267&page＝36&board_code＝othc_qna)

附录4：
寒食

寒食是春天最大的节日。据《东国岁时记》记载："农家在这天开始春耕。"

寒食是从冬至算起，第105天，农民开始春耕，还到解冻的祖先的墓地去扫墓。

除此之外，过去还过长工日（通常在二月初一）和三月三。长工日做松饼吃，三月三，到花果山去野游，并煎花煎饼吃。

(有改动)

(原文来源：朝鲜信息网，2013年10月4日，http://www.naenara.com.kp/ch/history/? culture+24+117)

第五章
五月端阳:汉字文化圈国家端午食俗与中医药文化

> 五月五日,谓之浴兰节。四民并踏百草。今人又有斗百草之戏。采艾以为人,悬门户上,以禳毒气。以菖蒲或缕或屑,以泛酒。是日竞渡,采杂药。以五彩丝系臂,名曰"辟兵",令人不病瘟。又有条达等组织杂物,以相赠遗。取鸲鹆教之语。
>
> ——宗懔《荆楚岁时记》

端午节又名重午、重五、端五、端阳、五月节等。它还有许多别称,如午日节、重五节、浴兰节、杀虫节、天中节、地蜡、诗人节、龙日、女儿节等。虽然端午节名称不同,但它历史悠久,在东亚地区有着广泛影响,拥有非常丰富的传说和节俗。汉字文化圈国家的端午节文化源于中国,在漫长的历史发展过程中,中日朝越的端午节俗已发生变迁,均朝着向符合本国传统文化与民族性格的方向发展。在丰富多元的端午节文化中,节日食俗是其重要的组成部分,这些节日食俗背后闪烁着中医药文化的影子。

第一节 端午节在汉字文化圈国家的流变

历史上,汉字文化圈国家文化交流密切,发源于中国的端午节亦传入其他国家,端午节成为汉字文化圈国家共享的岁时节日。在汉字文化圈国家,端午节有着各自独具地域特色的发展流变史。通过回顾汉字文化圈国家端午文化的流变史,将有助于呈现出各国独具特色的端午节历史和丰富多元的端午节习俗。

(一) 中国的端午节

中国端午节,又称重五、端午、五月节、端阳节等,节期在农历五月五日。端午之俗,由来已久,关于它的起源传说的探讨,众说纷纭,至今尚未形成共识。概言之,约有以下几种说法:纪念屈原说、纪念伍子胥说或曹娥、夏至说、恶月恶日趋避说。

由于端午之后天气渐热,避暑禳疫成为端午民俗活动的主题。早在战国时期,中国便有采药蠲除毒气的习俗。至汉代时,流行兰汤沐浴、五彩丝系臂、门户挂五色桃印等习俗,宫廷内皇帝还会在午日赏赐物品给大臣。此时,端午节的节期从午月午日开始逐渐确立在农历五月五日。至魏晋南北朝时期,端午节开始确立。据《荆楚岁时记》的记载,五月五日当时被称为浴兰节,流行踏百草、斗百草、悬挂艾人、竞渡、采杂药、系五色丝、互赠条达、取鸲鹆教之语等习俗。在这些习俗中,当时的民众相信悬挂艾人禳除毒气、系五彩丝能使人们不病瘟。在《风土记》中记载,晋代时已有食粽(或角黍)、吃俎龟的食俗。《续齐谐志》中还将屈原传说与端午节联系在一起,认为制作粽子和系五色丝是纪念屈原的遗风。隋唐至宋元时期,端午节呈现出繁荣发展的态势。唐代的《岁华纪丽》中记载了采蟾蜍、语鸲鹆、角黍、浴兰、朱索、赤符、祭屈、祀陈、长命缕、辟兵缯、斗百草、缠五丝等习俗。辽宋夏金元曾有动荡与并立的时期。[1] 这一时期的端午习俗非常丰富。辽代流行系无色丝、吃艾糕、采艾、射柳等习俗;金代的宫廷内流行射柳、击球、皇帝赐宴等习俗;宋代流行采药、捕蟾、辟五毒(挂艾人、刻蒲剑、戴艾虎)、食粽、射柳、

---

[1] 宋颖:《端午节研究:传统、国家与文化表述》,中央民族大学,2007年。

出嫁女儿躲端午等习俗。至明清时,端午节在南北方更为普及开来,关于端午节的记录散见在地方志文献中。2006年,端午节入选国家级非物质文化遗产名录。2009年,该项目被列入联合国教科文组织的人类非物质文化遗产代表作名录。

(二)日本的端午节

历史上,中日之间文化交流密切,端午节亦传入日本。日本端午节,又称为端午の節句、端午の節供或菖蒲之节句,具有悠久的历史。至晚在公元7世纪,日本的宫廷贵族已经开始庆祝端午节。《日本书纪》载:推古天皇"十九年夏五月五日,药猎於菟田野"。可见,当时宫廷内已有药猎的端午习俗。至天智天皇时,端午节活动空间包括野外和宫廷内,宫廷贵族有外出打猎、设宴、奏田舞等习俗。《日本书纪》载,"(七年)五月五日,天皇从猎于蒲生野。于时,大皇弟、诸王、内臣及群臣,皆悉从焉","(十年)五月丁酉朔辛丑,天皇御西小殿。皇太子、群臣侍宴。于是,再奏田舞"。至新罗时代,宫廷贵族的端午习俗包括观骑射或校猎、走马、宴王臣、赐禄、挂菖蒲缦等。《续日本记》载:"昔者,五月之节,常用菖蒲为缦。比来,已停此事。从今而后,非菖蒲缦者,勿入宫中。"从该记载来看,端午节挂菖蒲缦的习俗曾在日本宫廷内广为流行。至元正元皇时,端午节成为官方认定的节日。公元718年成文的《养老令》中载:"凡正月一日、七日、十六日、三月三日、五月五日、七月七日、十一月大尝日,皆为节日其普赐,临时听敕。"经过不断地演进变化,至平安时代,作为国家节日的五月五日的习俗,其内容已经发展成为由四月二十八日的驹牵,五月五日、六日献菖蒲、赐续命缕,骑射、走马、杂技、奏乐等构成的综合行事体系。平安时代的作品《荣华物语》中有五月五日在屋顶铺菖蒲,献药丸的描述。平安时代末期,五月五日的庆祝活动也由宫廷贵族间的活动逐渐转向武家和平民。五月五日当天,宫廷上下菖蒲随处可见,就连平民的屋檐下都插着菖蒲。① 自室町时代至江户时代,日本端午节的文化内涵发生了新的变化。端午节经历从以农耕仪式为内容的女性节日到以武士阶级为主的男儿节,至江户时代成为民间的男儿节。② 自1948年以后,五月五日被确定为儿童节。

(三) 朝鲜半岛的端午节

在古代的朝鲜半岛,端午节又称为"重午""重五节""端阳节""车轮日""天中节"。关于韩国端午节的明确文献记载,大约可追溯至高丽王朝时期。《宣和奉使高丽图经》载:"岁旦、月朔、春秋、重五皆享祖祢,绘其象于府中,率僧徒歌呗,昼夜不绝。"③从记载来看,当时的高丽王朝在端午节有祭祀祖先的习俗。王室端午祭祖的习俗一直延续至朝鲜王朝时期,《朝鲜王朝实录》中有许多端午祭祖的文字记录。在高丽王朝时期,端午祭祖的习俗在民间也有流行,已成为国俗。《拙稿千百》记载一则墓志铭中曰:"国俗以端午日祭其先。"除了祭祖外,高丽王朝至朝鲜王朝时期还流行端午秋千戏、击球和石战。《高宗安孝大王》载:丙午三十三年(公元1246年)"五月,禁端午,男女秋千,鼓吹之戏"。虽然该文献时禁止端午,但是也反映出当时秋千和鼓吹习俗的兴盛。成书于朝鲜中期的《锦溪日记》亦载:"而端阳则千村万落,只作秋千之戏。"此记载说明在朝鲜中期时端午秋千戏在民间的兴盛。朝鲜半岛的端午节中击球和石战也曾流行一时。"高丽俗每于端午,选武官年少者,及衣冠子弟,习击球之艺","初都人每当端午日,聚于广衢,为石掷戏杂,以杖击之,多伤人,俗云:'石战',曾令义禁府禁之"。20世纪以来,以祭神仪式为核心的江陵端午祭先后入选韩国国家重要无形文化遗产(1967年)和人类口头和非物质遗产代表作(2005年)。目前,韩国较为著名的端

---

① 邱丽君:《中国端午风俗在日本流变考》,《中州学刊》2018年第7期。
② 同上。
③ 徐兢:《宣和奉使高丽图经》,朴庆辉标注,吉林文史出版社,1986年,第33页。

午祭是江陵端午祭、庆山端午祭、法圣浦端午祭。

(四) 越南的端午节

端午节是越南的重要岁时节日之一，又称正阳节、驱虫节、杀虫节等，越南语为Tết Đoan Ngọ。越南端午节有驱虫、饮雄黄酒、吃粽子、给小孩佩戴五色线等习俗。在古代，中越之间交流和联系密切，中国文化对其影响很大，端午节亦传入越南。据文献记载，最迟在陈朝时端午节已经非常流行。《大越史记》载："天应正平五年（1237）夏五月，端午节，吊屈原及古贤人如介子推者，每年是月皆举行之。"从记载来看，越南端午传说基本承袭自中国，即纪念屈原或介子推等古代贤者；从频次来看，每年五月都会举行节日。端午节最早主要是对屈原或其他古贤人的纪念，但如今越南端午节更侧重于卫生的节日，每年农历五月初五的端午节被视为越南"杀虫节"。古代越南人相信昆虫在人体内脏生长会使人非常痛苦，这些昆虫只在农历五月五日露面，所以人们要在这一天举行灭虫的礼仪。每逢此节日，不管有多繁忙，民众都不会忘记买水果和糯米酒酿，供奉、祭拜祖先和财神爷，然后把供品用来杀虫。端午节习俗虽然不同于以往，但是吃糯米酒酿、杀虫以祈求五谷丰登、消除疾病，已成了每一个越南人的文化习惯。

第二节　汉字文化圈国家的端午食俗

端午节发源于中国，传播至其他汉字文化圈国家。汉字文化圈国家在接受端午节文化的同时，也根据自身的地域文化特色加以改造，在历史上形成了各具特色的端午节文化。在这个过程中，各国形成了丰富多元的端午节食俗，有的食俗已湮灭，有的食俗传承至今。

第五章 五月端阳：汉字文化圈国家端午食俗与中医药文化

（一）中国端午节的代表性食物：粽子、雄黄酒、茶蛋、大蒜、打糕、明太鱼

端午节节期在每年农历五月五日，与夏至节气相近。因为端午之后天气渐热，防止热毒、压禳驱疫就成为端午民俗活动的主题。中国的端午节节令食品众多，有粽子、雄黄酒、茶蛋、大蒜、打糕、明太鱼等。最早的端午时食是出现于西汉的"枭羹"，由于枭不易捕捉、民众饮食习惯变化等原因，"枭羹"并未延续至今。

粽子是流传至今的端午节的重要时食之一，它最早以"角黍"之名出现在晋周处《风土记》中。其中"仲夏端午，烹鹜角黍"说明晋朝时粽子已经成为流行的端午节食品。《太平御览》卷三十一引晋周处《风土记》："仲夏端五……俗重五日与夏至同。先节一日，又以菰叶裹粘米，以粟枣灰汁煮令熟，节日啖。煮肥龟令极熟，去骨加盐豉麻蓼，名曰菹龟。黏米一名粽，一曰角黍。"《荆楚岁时记》亦云："夏至节日，食粽。"其注云："按周处谓为角黍。"南朝梁人吴均《续齐谐记》中记载："屈原五月五日投汨罗而死，楚人哀之，每至此日，竹筒贮米投水祭之……今人五日作粽子，带五色丝及练叶，皆是汨罗之遗风也。"①事实上，角黍是一种用小米做的菱角状北方食品，吴均所言的"粽"指竹筒粽，是南方常见的一种食米方法，二者都曾被用作水神的祭品，隋唐时代，随着国家的统一，南北文化的融合，开始以糯米为主料制角黍，在形状、配料上也多有创新，被正式称作"粽子"并视作端午节的特色食品，以至流传至今。②

中国不同地区、不同民族的粽子呈现出多样性的特征。在不同的地区中，北方的粽子习惯用苇叶作为粽子皮，苇叶叶片细长而窄，所以要两三片重叠起来使用，形状为斜四角形或三角形；馅多是简单白米，或者杂以赤豆、枣子，蘸白糖食用；味道以甜味为主。南方的粽子名声

---

① 李昉等：《太平御览（一）》，中华书局，1985，第146页。
② 宋颖：《端午节研究：传统、国家与文化表述》，博士学位论文，中央民族大学，2007。

最盛,做法也复杂,尤其是馅变化多端,和北方粽子的一个重大差异是,江南粽子的糯米原料,多预先用酱油浸渍,与肉馅相蒸,香味扑鼻,粽子皮是竹叶来包,咸甜粽均有。在不同的民族中,瑶族喜食约半斤重馅料为"枕头粽"、畲族喜食灰碱水煮的色黄气香的"牯角"、毛南族喜食用艾叶、菖蒲或黄姜为馅料的草药粽。

雄黄酒(或菖蒲酒)是古代端午节的重要节令饮品,《荆楚岁时记》曾记载:"五月五日……以菖蒲或缕或屑,以泛酒。"清朝光绪年间的《荆州府志》记载:"五月五日,以雄黄朱砂入酒饮之。用艾茎撒雄黄于户舍墙壁,小儿则以其末涂耳鼻,云辟百毒。"《清嘉录》记载:"研雄黄末,屑蒲根,和酒饮之,谓之雄黄酒。"到了近代,饮雄黄酒的人渐少,人们更多的选择在这一天将雄黄酒涂抹在孩子的额头、耳后、手臂、腿部、肚脐上,来防止蚊虫叮咬。目前浙江、安徽、江西、广西壮族自治区等地仍保存着端午饮雄黄酒的习俗,江南地区也有"饮了雄黄酒,百病都远走"的说法。在我国许多地方,流行有端午节食"五黄"的习俗。这"五黄"是指:雄黄酒、黄鱼、黄瓜、咸蛋黄、黄鳝(有的地方也指黄豆)。江汉平原一带,每年端午节必食黄鳝。黄鳝又名鳝鱼、长鱼,端午时节最为肥美。清末《汉口竹枝词》记有"艾糕箬粽庆端阳,鳝血倾街秽莫当",可见当时的汉口人吃鳝鱼之普遍。河南、浙江等地区用大蒜和鸡蛋同煮,食用熟大蒜和熟鸡蛋。

(二)日本端午节的代表性食物:粽子、柏叶饼、菖蒲酒

在日本,端午节被称为"菖蒲の节句"或"端午の节句",属于日本"五句节"之一。唐宋时期,日本贵族阶层引进中国端午节,到日本江户时代,端午节成为一项传统民间节日。明治维新后,日本废除旧历,采用西历,端午节的日期从阴历五月初五改为阳历5月5日,后与日本男儿节合并成儿童节,其文化内涵逐渐演化为祈祷男孩健康成长,但是仍保留着古代日本端午节的部分习俗。日本端午节的节令食品主要是粽

第五章 五月端阳：汉字文化圈国家端午食俗与中医药文化

子、柏叶（实为槲叶）饼、菖蒲酒。

日本的粽子是平安时代从中国传入的，起初只在皇宫中作为供品，后来才得以普及。《新订东京岁时记上》中记载："五日庆祝端午节御礼。诸侯登城。献上粽子。"平安时代端午贵族之间会赠送粽子，日本粽子最初是用"茅草"包裹。日本粽子被称为茅卷，它用磨碎的米粉制成，粽子皮多用箬叶或菰叶，形状多为锥形，多为以豆馅为主的甜粽子。粽子上缠以兰草，节日里也可作为礼品赠送亲友。《宇多天皇御记》载："正月十五日七种粥，三月三日桃花饼，五月五日五色粽……俗间行来，以为岁事……"由此可推知，端午食五色粽在当时已经颇为普遍。在中国，端午节吃粽子是为了纪念爱国诗人屈原，传到日本后便失去了纪念屈原的意义，吃粽子只是压邪迎盛夏的象征。《江户东京岁时记》中有记载："节供的粽子也有驱除疾病的效果，甚至可以阴干保存以药用。"日本人也根据自己的饮食习惯对粽子作了一些改进，发展出了道喜粽，饴粽，葛粽，朝比奈粽等多个种类。①

除了粽子，日本端午食俗还有吃柏叶饼。这种饼流行于日本关东地区，外形像中国的茶果，呈圆形或半圆形，以洗净的粳米干燥后磨成的上新粉制成，包入甜馅料，做好后加上日语称为"柏"的槲栎叶或菝葜叶对折包在外面即成。在日本许多文献中都有对端午节吃柏叶饼的记载。《四国的岁时习俗》在描写井川町五月的节供中记载有粽子、柏饼和红豆年糕等食物；《新订东京岁时记上》中记有喝菖蒲酒、吃山芋和做柏叶饼；《江户东京岁时记》提到民众在端午节有喝菖蒲酒、吃着柏饼和粽子的习俗。《东北の岁时习俗》中记载宫城县的"菖蒲の节供"提及的端午食物有牛蒡叶饼、山芋；秋田县的"五月の节供"条提到了三角菱形的糯米粽；山形县的"端午の节供"条提到了粽子、牡丹饼、柏饼等端午食物；福岛县的"五月节供"条提及端午食品为柏饼、山芋。除此之外，菖蒲也是日本端午节不可或缺的。《日本书纪》记载，在奈良时代，天皇

---

① 秦明吾：《中日习俗文化比较》，中国建材工业出版社，2004，第138页。

在端午这天会在宫中举行"菖蒲宴",带领众臣"药猎",赴宴百官头戴菖蒲编制的冠,席间饮雄黄酒。① 在日本,菖蒲除用来制作"菖蒲酒""菖蒲团子"外,它也被人们当作祛病避邪之物。

(三)朝鲜半岛端午节的代表性食物:醍醐汤、樱桃茶、艾蒿饼、牛蒡叶饼

目前,韩国端午节饮用醍醐汤和樱桃茶,食用山牛蒡叶饼和艾叶做的像车轮一样的车轮饼——艾蒿饼(艾糕)。据《东国岁时记》记载,朝鲜时代的朝鲜国王和近臣在端午节要饮醍醐汤、食玉枢丹。醍醐汤的熬制需要乌梅肉、草果、缩砂、白檀香和炼蜜等药材,具有消暑热、止烦渴的功效。樱桃茶是用糖或蜂蜜腌制新鲜樱桃,饮用时加入冰块和五味子茶,具有消解暑气、恢复元气的功效。艾糕是用碎艾叶掺面蒸制的糕点,是朝鲜民族的传统端午食品。《京都杂志》载:"端午俗名戌衣者,戌衣者,东语车也。是日,作艾糕像车轮形食之。"艾糕的形状随着时代的发展也由起初的圆饼形发展为方形、菱形、纺锤形、四角星形等多种形状和各色内馅。在现代韩国,艾糕形状、色彩繁多,工艺也别出心裁,不仅有专门的制糕锅,而且还有特定的食用方法,已超出原有内涵,成了老幼皆喜的日常食品。山牛蒡是分布在山野的菊科多年生草本植物。戌衣翠糕是将煮过的山牛蒡细细捣烂,用车轮形状的米糕模具压制而成,并在压好的米糕上涂抹香油。农历五月初五端午节之前多产艾草,人们用当年的新艾或药艾做成艾汤、艾草蒸糕、艾片糕和艾黏糕等。此外,韩国端午节还有采益母草、艾蒿做药材的风俗。人们相信端午节前后采的草药药力最大,因此通常在端午节当天起早去割益母草和艾蒿,成捆挂在大门旁,以驱邪并做药材用。除艾蒿和益母草外,菖蒲也是朝鲜、韩国人在端午常用到的药草。在这一天人们先是祭祀祖先,接着举行家宴。在宴席上人们喝菖蒲水,饮益母草汁,吃端午饼,据

---

① 马兴国:《千里同风录:中日习俗交流》,辽宁人民出版社,1988,第215-216页。

说此三者均可延年益寿。

（四）越南端午节的代表性食物：雄黄酒、粽子、糯米酒酿、黄姜饭、酸果

越南端午节又称为正阳节、杀虫节，日期与中国相同，是越南的传统节日之一。每年农历五月份，越南的气候逐渐变暖，虫类大量繁殖，导致各类疫病多发，因此，越南在端午节期间有驱虫的习俗，众多食俗也与之相关。

越南端午节除了吃粽子外，民众常食用甜酒、糯米酒酿、李子或其他酸果。越南民间相信糯米和酒精结合在一起有利于驱除体内的各种有害寄生虫。因此，糯米酒酿是越南端午节的重要时令食物，它一般在夜间用上等糯米制作。端午节清晨，越南民众为儿童准备糯米酒酿、黄姜糯米饭和李子、柠檬等酸性食物。这些食物都是为了杀死体内的虫子，在刚起床时先吃下酒饼（这时候效果最好）将体内的虫子灌醉，然后再吃下水果淹死它们。吃水果等同于吃斋，意味着对祖宗的尊重，越南人也认为吃水果可以帮助驱除邪气，所以相比较之下，吃粽子反而成了次要的。越南南部地区在端午节期间饮用雄黄酒、煮鸡蛋、吃芒果、饮椰汁等，民众相信通过使用酸性食物能够消灭体内的寄生虫，保持身体健康。在越南的中部和南部，人们在端午节食用糍粑和碱水粽子以达到驱虫的目的。在越南，黄姜饭也是端午节的重要食俗。黄姜饭由黄姜汁和糯米蒸煮而成，意在达到避瘟疫、疮毒与蛇虫的目的。

第三节 "药食同源"视阈下的端午节食俗解读

农历五月初五的端午节，可视为古代的全民卫生节。从时间上看，端午节是属于仲夏的节日，此时是天地阳气到达顶点之时，也是各种病

邪毒虫活跃的时候。因此,古人认为五月是"恶月",故设端午节来祛邪。汉字文化圈国家的端午节食俗中蕴含着丰富的养生理念,其背后是为了祈求健康和预防疾病。

(一) 端午节食俗的养生主题

夏季天气炎热,阳气旺盛。暑是夏季的主气,其性炎热,易升易散,耗气伤津,容易使主导精神、情绪、血脉的"心"出现功能紊乱。人在夏季不但经常会发生口舌生疮、心烦意乱、口渴喜饮、小便短赤等各种"上火"症候,伤暑和中暑也很多见。中国人常说的伤暑包括身热、头痛、口渴、汗出,中暑则是指出汗过多、津气耗损严重时引起的猝然昏倒、不省人事、冷汗自出、手足厥冷等征象。长夏为夏秋之交,与三伏大致相当,此期间湿气最盛,湿性重浊、粘滞,最容易损伤阳气,使气机升降失常、经络阻滞不畅,影响"脾"运化水谷精微的功能,出现皮肤水肿、泄泻、食欲不振、大便不爽、小便不畅。因此,清热解暑、养心安神、滋阴护阳、健脾祛湿就成为端午节养生的主题。就像《素问·藏气法时论》中所说,"心主夏……心苦缓,急食酸以收之……心欲软,急咸以软之,用咸补之,甘泻之……心色赤,宜食酸,小豆、犬肉、李、韭皆酸","脾主长夏……脾苦湿,急食苦以燥之……脾欲缓,急食甘以缓之,用苦泻之,甘补之……脾色黄,宜食咸,大豆、豕肉、栗、藿皆咸"。

(二) 中国端午节食俗与中医药文化

中国地方志民俗资料汇编中,各地对于五月端午节岁时民俗的记载多为"食角黍,饮雄黄酒,门悬艾叶"。粽子、雄黄酒、艾叶是端午节中被提到频率最高的词汇。《周礼·天官·食医》记有"凡和,春多酸、夏多苦、秋多辛、冬多咸,调以滑甘"。顺时调味理论有一定科学和实用价值,也符合养生要求……夏季天热,细菌容易滋生,而苦味物质有消炎抗菌功能,而且夏季炎热,易出汗,消化液减少,而食苦味食物去火健

第五章 五月端阳：汉字文化圈国家端午食俗与中医药文化

胃，护养生命。

粽子在中国古代又叫角黍，古人以菰芦叶裹黍米煮成，尖角，如棕榈叶心之形，故曰粽，曰角黍。近世多用糯米矣。今俗五月五日以为节物相馈送。或言为祭屈原，作此投江，以饲蛟龙也。气味甘，温，无毒。芦叶甘，寒，无毒，食用芦叶包的粽子有助于解暑清热。粽子作为节日食品其原意不在于祭祀的需要，主要是节令的需要。在汉代的《风俗通义》里关于粽子有一句很重要的话往往被学者们忽略。它认为粽子所以用菰叶裹黏米和粟枣等馅，用灰汁煮熟食用是"取阴阳包裹之象也……所以赞时也"。在《齐民要术》中也引述了《风土记》的注说："粘黍，一名粽，一名角黍；盖取阴阳尚相裹，未分散之时象也。"这是用阴阳之说解释这种节令食品的象征意义所在。农历五月初五是夏至前后的节气，恰好是寒气终于消尽，热气达到饱和的仲夏时节，阴阳达到相互裹挟、均匀调和的状态。此刻的时令才是全年最适中的季节，为此，古时把端午节又称为"天中节"。在这个节令吃用黏米作的凉食，黏米用菰叶、苇叶、箬叶包裹，用灰汁煮熟后晾凉，色、香、味别具特色，可以从中品验到这个节令阴阳相裹的风味。李时珍在《本草纲目·谷部四》中着意介绍了粽子，可见作为节令美食，粽子还有相当的药膳作用和养生价值。[1] 粽子作为药膳的一种——包粽子的苇叶及荷叶都是清热解暑的良药，而糯米也具有益气生津、清热的功效。目前各式粽子种类繁多：枣味甘性温，有补中益气、养血安神的功效；栗子具有补气健脾、益肾的功效。用红枣、栗子做馅的粽子，称得上是粽子中的极品。[2]

雄黄酒是用研磨成粉末的雄黄泡制的白酒或黄酒，作为一种中药药材，雄黄可以用作解毒剂、杀虫药。古代人就认为雄黄可以克制蛇、蝎等百虫，"善能杀百毒、避百邪、制蛊毒，人佩之，入山林而虎狼伏，入

---

[1] 乌丙安：《非物质文化遗产保护理论与方法》，文化艺术出版社，2016，第110页。
[2] 徐潜：《传统中医理论》，吉林文史出版社，2014，第164页。

川水而百毒避"。雄黄又名雄精、石黄、熏黄、黄金石,产自湖南、甘肃、云南、四川等地。现代科学证明,雄黄的主要成分是硫化砷,砷是提炼砒霜的主要原料,喝雄黄酒等于吃砒霜;雄黄含有较强的致癌物质,即使小剂量服用,也会对肝脏造成伤害。因此,服用雄黄极易使人中毒,轻者出现恶心、呕吐、腹泻等症状,甚至出现中枢神经系统麻痹,意识模糊、昏迷等,重者则会致人死亡。民间认为雄黄酒可以驱妖避邪,中医认为,雄黄性温、微辛、有毒,既可以外搽又可以内服,主要用作解毒、杀虫,外用治疗恶疮、蛇虫咬伤等,效果较好。《本草纲目》中说:"雄黄性温微辛有毒,具有解虫蛇毒、燥湿、杀虫祛痰功效。"雄黄少量饮用,可以治惊痫、疮毒,但由于雄黄有腐蚀之力,需谨遵医嘱。①

(三)日本、朝鲜半岛、越南的端午节食俗与中医药文化

日本人端午节吃柏叶饼,这种饼外形像中国的茶果,呈圆形或半圆形,以洗净的粳米干燥后磨成的上新粉制成,包入甜馅料,蒸煮后加上日语称为"柏"的槲树叶对折包在外面即成。槲树"处处山林有之。木高丈余,与栎(音"历")相类。亦有斗,但小不中用耳。不拘时采。其皮、叶入药。气味甘、苦,平,无毒。主治疗痔,止血及血痢,止渴。活血,利小便"。以槲树叶包裹甜的米饼兼有补心的效果。② 更引人注目的是,日本制作柏叶饼所用的槲树叶基本依赖从中国的进口。

朝鲜半岛的民众在端午节饮醍醐汤、樱桃茶、艾草饼、玉枢丹。醍醐汤需要乌梅肉、草果、缩砂、白檀香和炼蜜等药材。《东医宝鉴》载:乌梅"性暖,味酸,无毒。去痰,止吐逆,止咳止痢,除劳热骨蒸,消酒毒,主伤寒及霍乱燥渴",白檀香"性温,味辛,无毒。消热肿,治肾气腹痛,又

---

① 马春耕、刘玉兰:《中华传统节日:端午节》,东北师范大学出版社,2011,第109—110页。
② 刘永山主编:《本草纲目》新校注本,华夏出版社,2008,第691、1035、1215—1216页。

主心腹痛霍乱、中恶鬼气,杀虫"。除此之外,草果性温味辛,具有健脾开胃、利水消肿、燥湿除寒、祛痰截疟的功效。《本草纲目》载:樱桃气味"甘,热,涩,无毒。"樱桃可调中,益脾气,令人好颜色,美志。止泄精、水谷痢。可见,樱桃茶具有调中健脾的功效。艾叶饼中的艾叶也是性温的药物。《东医宝鉴》载:艾叶"性温,味苦,无毒。主久百病……止腹痛,止赤白痢……生肌肉,辟风寒……"。①

越南人吃的黄姜饭由糯米和越南特产的香料黄姜一起煮成,色泽金黄,食之微辣,满口留香。黄姜又称姜黄,越南民间认为黄姜有避温病、解毒、防疫的作用,在《本草纲目》等中医典籍中则有入心治血、入脾理气、破血行气,通经止痛、祛邪辟恶的记载。②

---

① 许浚编:《东医宝鉴》,山西科技出版社,2014,第837页。
② 刘永山主编:《本草纲目》新校注本,华夏出版社,2008,第611页。

附录

附录 1：
日本韩国越南如何过端午节

日本

在古代日本,五月被称为"斋月",是插秧迎接田神的忌月。五月五日这一天,成年男人要全部下田耕作,女人则闭关家中"斋居"。日本这个固有的农事生产祭祀习俗,与中国传入的端午节习俗相复合,成为固定的节日。

每年的公历 5 月 5 日是日本的儿童节,又称"男孩节""鲤日"。端午节也是在阳历 5 月 5 日。因此,儿童节实际上是端午节和男儿节合并而成。这一天除了中、小学校举行一些儿童庆祝活动外,一般家庭仍按以往端午节、男儿节的习俗来过。人们仍习惯吃角黍(粽子)和柏叶饼,饮菖蒲酒。除饮菖蒲酒外,有的地方还有"菖蒲浴"(用浸泡过菖蒲的水洗澡)的习惯。在农村还有在棚顶和门上插菖蒲、艾草,以占卜吉凶的民俗。

儿童节,千家万户则在房顶或院内旗杆上,升起彩幡和鲤鱼旗。这是从 17 世纪起将端午作为男孩节之后日本独特的风俗。现在,没有男孩只有女孩的家庭,也有升鲤鱼旗的。此外,有的家庭还给男孩买武士模样的小偶人,希望孩子长大后,像武士一样强壮和勇敢。

第五章 五月端阳：汉字文化圈国家端午食俗与中医药文化

韩国

端午祭是韩国江陵地区的传统节日习俗。它被联合国教科文组织正式确定为"人类传说及无形遗产著作"。

江陵端午祭的一切祭祀活动都与神话传说相关联。其中，有英雄人物成神的，如大关岭山神由灭高句丽、平定百济的新罗将军金庾信变成；有非凡出生人物成神的，如大关岭国师城隍神，由神奇出生大难不死，后来成为梵日国师（810—889）的异人变成；有普通人成神的，如大关岭国师女城隍，由被城隍抢婚的常人家女儿变成。由于这些神话至今仍广泛流传，人们甚至还会把当今发生的事与之相联系，说明神话人物还明显地存活在江陵人的心中。

韩国江陵的端午祭实际上是由舞蹈、萨满祭祀、民间艺术展示等内容构成，这与中国人吃粽子、划龙舟、纪念屈原是两回事，唯一的相同点是时间框架，都是在中国的端午节期间举行，因此被称为端午祭。端午祭按照传统风俗，在端午这一天要吃"艾子糕"，喝益仁汁，妇女们用菖蒲汤洗头发或饮用菖蒲水，或用菖蒲露化妆，称为"菖蒲妆"。士大夫人家的门柱上贴朱砂符借以避邪，君臣之间要互赠端午扇表示祝贺。祭祀仪式保存了完整的形式和内容，可以说是韩国江陵端午祭的核心。

越南

越南在秦代以后很长一段时间属于汉朝统治，且统治者就是河北正定人赵佗及其带去的几十万子弟兵，因之越南端午节习俗和中国基本相同。

越南端午节是更侧重于卫生的节日。越南的端午节是越历五月初五，又称正阳节。端午节有吃粽子的习俗，还有端午驱虫习俗。节日清晨，父母为子女准备糯米酒酿、黄姜糯米饭及桃、李、柠檬等几种酸味食品和水果。南方一些地区让子女食西瓜、芒果、煮鸡蛋和饮椰汁，大人饮雄黄酒，并将雄黄涂在小孩头、额、胸、脐各处以逐虫。许多地区的孩子用指甲草涂染手指和脚趾，佩戴由巫师用五色线绳编制的符以辟邪。

生育少或有体弱多病幼儿的家庭,节前清晨给幼儿穿上这样的衣服,以辟鬼邪。端午采药是一项必不可少的活动,人们认为"端午草药"最为灵验,许多集市上有此药专卖摊。

越南也是在阴历五月初五过端午节,他们的主要内容是吃粽子、端午驱虫。父母会给孩子们准备很多水果、身上戴五彩线编织的吉祥符,大人们会饮雄黄酒,并在小孩身上涂雄黄酒驱虫。而且,越南人认为,吃粽子可以求得风调雨顺,五谷丰登。

节日清晨,越南客家大人起床后第一件大事便是在孩子手腕、脚腕、脖子上拴五色线。系线时,禁忌儿童开口说话。五色线不可任意折断或丢弃,只能在夏季第一场大雨或第一次洗澡时,抛到河里。据说,戴五色线的儿童可以避开蛇蝎类毒虫的伤害;扔到河里,意味着让河水将瘟疫、疾病冲走,儿童由此可以保安康。

(有改动)

(原文来源:日本新华侨网,2014 年 06 月 03 日,http://www.jnocnews.jp/news/show.aspx?id=74160)

附录 2：
文化与智慧融为一体的韩国酒和饮食（节选）

"我们的酒和饮食融汇了那个时期的文化和智慧。"

韩食财团理事长尹淑子对韩国传统饮食文化和饮食习惯强调道。

18 日，在首尔中区南山韩屋村举行的"第 10 届传统酒和传统饮食庆典"中尹理事长说明道："韩国传统饮食文化中，可以看出农耕社会里考虑营养的祖先的智慧和历史。五月端午时摘取艾草做山牛蒡蒸糕和艾酒。喝松针叶泡的松筍酒和菖蒲泡的菖蒲酒也是通过季节食物来追求味道和营养。"

尹理事长表示："我们的祖先不仅将饭桌，连酒桌也不会毫无缘由地摆。为了将祖先们使用多样的酵母和大枣、人参等多种自然材料酿成的酒及其中蕴含的艺术发扬光大，我们已经对外介绍传统酒和饮食十余年了。"

18 日，"第 10 届传统酒和传统饮食庆典"在首尔中区南山韩屋村举行。其中介绍了在端午时常和松笋酒、菖蒲酒、艾酒一起搭配的山牛蒡蒸糕、九折阪、切糕。

（有改动）

（原文来源：韩国文化体育观光部，2017 年 05 月 22 日，http://chinese.korea.net/NewsFocus/Culture/view? articleId=146387）

附录3：
不吃粽子，不赛龙舟，也不纪念屈原
韩国的端午祭（节选）

韩国江陵端午祭久负盛名，每年的端午祭期间，来自韩国和世界各地的观光者达百万人之多。是什么东西吸引了如此众多的参与者、参观者？——这不能不归功于韩国江陵市政府对民间无形文化的高度重视和有效的保护。正是这一举措，使得一个民间节日成为江陵文化的标志，韩国民族精神的象征；成为一种无形文化遗产，供人类享受；成为外界认识韩国文化和江陵民情的一个窗口。韩国"申遗"事件中提到的韩国端午节，指的就是江陵的端午祭。

不同于中国的端午节俗

江陵端午祭的确是东亚"汉字文化圈"有趣的文化现象。以节日习俗而言，端午节虽然发源地在中国，但是在长期的流传和国际交流中，它被中国周边的国家和民族所吸纳，所接受，并置于自己的文化土壤之中，形成各国、各民族独特的节日习俗。

如果追述韩国江陵端午祭的原型，受中国文化的影响是不容置疑的。在韩国的许多典籍中都记载了对"端午"的解释，这种解释和中国人的观念是一样的。如韩国也称五月初五日为"重午""重五""端阳""五月节"，韩国特有的词是称"端午"为"上日"，意为神的日子。按照传统风俗，在端午这一天要吃"艾子糕"，喝益仁汁，妇女们用菖蒲汤洗头发或饮用菖蒲水，或用菖蒲露化妆，称为"菖蒲妆"。士大夫人家的门柱上贴朱砂符借以避邪，君臣之间要互赠端午扇表示祝贺。

中国端午节的许多习俗如插艾蒿、菖蒲、吃粽子、饮雄黄酒、戴荷包、五毒兜兜，拴五彩缕、划龙舟、纪念屈原等习俗，在韩国的端午习俗中并不存在。但韩国江陵地区的端午祭，同样包含了丰富的内容，祭祀、演戏、游艺是其主要内容。其中的祭祀仪式保存了完整的形式和内

第五章 五月端阳：汉字文化圈国家端午食俗与中医药文化

容,可以说是韩国江陵端午祭的核心。这也是韩国江陵端午祭1967年被指定为韩国第13号无形文化财产的主要原因。

江陵端午祭期间的祭祀仪式主要来自神话传说,他们所祭祀的神灵是"大关岭山神"、洞(村落)城隍,被神化的人物有十二位之多,如金庾信、国师城隍"梵日国师"、大关岭国师女城隍郑家女等。

保存完好的传统

江陵端午祭是现在韩国保存比较完整的传统节日习俗之一。原来在韩国许多地区都有端午习俗,后来随着社会的发展渐渐消失了,唯独江陵地区完整地保存着。

在江陵地区,端午祭有着烦琐的祭祀仪式。如果从迎神的"前夜祭"算起,一般要举行五个昼夜;如果从"山神祭"算起到送神止,时间长达20多天;如果从"谨酿神酒"算起,则长达一个月的时间。

江陵端午祭的程序是从酿制神酒开始的。农历四月五日,人们用江陵旧官府"七事堂"发放的大米和米曲子酿制神酒,准备端午祭时敬神和饮用;四月十五日举行"大关岭山神祭"和"国师城隍祭",祭祀结束后,锯一段神木,人们将青红礼缎挂在上面,然后在神木的引导下,组成迎神行列,农历五月初三傍晚时分,回到江陵国师女城隍祠(郑家女)接受"奉安祭",也就是端午祭的"前夜祭"。祭祀结束后,将大关岭山神和国师城隍牌位送往南大川露天祭场。从初四到初七,每天的早晨举行"朝奠祭"。江陵端午祭的祭祀仪式分"儒教式祭仪"和"巫俗祭仪"两种。儒教式祭仪以奉读汉文祝祷词的形式进行,祝祭的内容涉及除祸招福、健康安宁、治愈疾病、农渔丰收、禽畜繁盛等。儒祭之后,开始伴随歌舞戏剧表演进行的"巫俗祭仪",直至深夜。

(有改动)

(原文来源:人民网《新安全》,2004年第7期,
http://www.people.com.cn/GB/paper2515/12663/1138078.html)

附录4：
日本人也过端午节？和中国端午节有何异同
原来日本是这样过端午节的

必备物品：菖蒲、人偶、鲤鱼旗

菖蒲在日本不单有辟邪的作用，其剑状的外形令人联想到斩妖除魔，加上其在日语中的读音与"尚武""胜负"相同，更是勇武的象征。在端午节时，人们把菖蒲和艾蒿插在屋檐上，称为"轩菖蒲"，或用来铺屋顶，称为"菖蒲葺"，睡觉时把菖蒲垫在枕头下，称为"菖蒲枕"。在这一天，日本人还会喝菖蒲酒、用菖蒲水沐浴，据说菖蒲的芳香能驱走恶魔。

端午节还要摆放很多应节的装饰，称为"五月饰"，主要有驱邪和尚武的含义，也包含对家中男孩健康的祝愿。

五月饰可分屋内饰和屋外饰。屋内饰主要有五月人偶，屋外饰主要是鲤鱼旗。五月人偶的服饰一般依照历史上或传说中的战斗服饰制作，并配以武器，造型则是可爱的孩子模样，故称为"孩子大将"。也有些人会在家中陈设仿照各武将所使用的铠甲制作的模型铠甲。

鲤鱼旗

鲤鱼旗则由七色彩旗和红黑两色的"真鲤""绯鲤"组成，红色代表母亲、黑色代表父亲、青蓝色代表男孩，青蓝旗的个数代表男孩人数。旗子会在蔚蓝的天空里迎风飘动，表示鲤鱼跳龙门之意。

玩什么？放风筝

放风筝习俗主要在日本关东以西至中部地方流行，这些地区的男婴出生后过的第一个端午节，父母都要放风筝祝福儿子健康幸福地成长。一些地区有较大型的端午放风筝活动，例如2014年5月5日，在日本神奈川县相模川举行的"大风筝祭"上就放飞了一个约210平方米，重约950公斤的大风筝。

第五章 五月端阳：汉字文化圈国家端午食俗与中医药文化

吃什么？粽子和槲叶糕

日本端午节的食品主要有粽子和槲叶糕，关西地区多吃粽子，而槲叶糕则多见于关东地区。粽子在日本古代称为"茅卷"，最初用茅叶包裹，呈圆锥形，后来又出现以菖蒲叶、竹叶、芦苇叶等包裹的粽子。

之所以吃槲叶糕，是因为槲树叶在长出嫩叶前，老叶子不会凋落，也就蕴含了子孙繁荣的美好寓意。

至今日本人仍然十分重视端午节，节日气氛十分热闹，到处都会看见色彩鲜艳的鲤鱼旗，商家、政府部门、市民团体、公共机构等都会开展各种各样的应节活动。同时，端午节也是商家促销的时机，不少商家都会推出一些节日相关的商品，如战国武士造型的巧克力、鲤鱼造型的蛋糕等吸引孩子。

（有改动）

（原文来源：新华网，2016年06月08日，http://www.chinanews.com/m/gj/2016/06-08/7898073.shtml）

第六章
鹊桥相会:汉字文化圈国家七夕节食俗与中医药文化

> 七月七日,为牵牛织女聚会之夜。是夕,人家妇女结彩缕,穿七孔针,或以金、银、鍮石为针,陈几筵、酒、脯、瓜果、菜于庭中以乞巧。有喜子网于瓜上,则以为符应。
>
> ——宗懔《荆楚岁时记》

七夕节源于中国,是汉字文化圈国家共享的重要岁时节日之一,又被称为"乞巧节""女儿节"等。七夕节与牛郎织女传说密切相关,形成了乞巧、卜巧、乞子、晒衣物书籍、各种乞巧食物等丰富多彩的岁时节日习俗。在历史上的相互经贸文化交流过程中,其他国家向中国学习借鉴,将七夕节引入各自国家的岁时节日体系。在各国的七夕节食俗中,同样蕴含丰富的中医药文化内涵。

第一节 七夕节在汉字文化圈的发展简史

历史上,中日朝韩等汉字文化圈国家的文化交流密切,源自中国的传统历法和许多岁时节日纷纷传入其他汉字文化圈国家。七夕节是诸多传入其他汉字文化圈国家的岁时节日之一。源自中国的七夕节在传入其他国家后经历了不同的发展历程,与本土文化也逐渐结合,形成丰富多彩的七夕节文化。

第六章 鹊桥相会：汉字文化圈国家七夕节食俗与中医药文化

（一）中国的七夕

中国七夕与牛郎织女传说密切相关。牛郎织女传说在早期是与古人的星宿崇拜密切相关的。在古代，民众将织女星作为季节的标志星。《汉书·律历志》载："织女之纪，指牵牛之初，以纪日月，故曰星纪。"后来，牛郎织女在各个时代逐渐被人格化，逐渐七月七日联系起来。在中国，七夕节被视为节日，大约是在汉代。汉代时，已流行作曲、合药、晒书和衣服、作干糗和采苍耳子等习俗，宫廷中还流行乞巧和男女相爱的习俗。《四民月令》载，七月"七日，遂作曲……是日也，可合药丸及蜀漆丸；曝经书及衣裳；作干糗；采葸耳也"。《西京杂记》中载，汉采女常以七月初七日穿七孔针于开襟楼，俱以习之。至七月七日……乐毕，以无色缕相羁，谓为相连爱。至魏晋时期，七夕节得到进一步的发展。据《荆楚岁时记》记载，当时的妇女会在七夕晚上结彩缕、穿七孔针、准备各种祭品在庭院中乞巧。唐宋时期，七夕节呈现出繁荣发展的态势。《开元天宝遗事》载：长安城中的宫女有在七夕节祭祀牛郎织女星、以蛛网稀密卜巧等习俗，民间的民众也纷纷效仿。曾有诗云："长安城中月如练，家家此夜持针线。"北宋都城东京（今开封）在七夕时，从民众到贵族均喜爱买磨喝乐。《东京梦华录》载，"禁中及贵家与士庶为时物追陪"。除了磨喝乐，还有"水上浮""谷板""花瓜""果实花样""种生"等时物。当时，都城东京的孩子还会买荷叶效仿磨喝乐，妇女乞巧等活动。明清时期，七夕乞巧习俗亦非常兴盛。以都城北京为例，当时流行幼女有水中投针卜巧、街市售卖巧果、家家户户设宴、儿女对银河拜来乞巧等。至近现代以来，以乞巧、卜巧等习俗为主的七夕节逐渐演变为以爱情为主题的中国情人节。2006年，七夕节被列入首批国家级非物质文化遗产名录。

（二）日本的七夕

日本七夕节源于中国的七夕节。七夕节在日本的传播基本是沿着从宫廷到民间的演变过程。日本在阴历七月七日举行节日活动大约也是在飞鸟时代末期。据《日本书纪》载,持统天皇五年七月"丙子,宴公卿。仍赐朝服"、六年七月"庚子,宴公卿"。从记载来看,七夕宴请公卿的习俗在至晚在公元691年和692年已经出现。至圣武天皇时,七夕的名称已经被正式提出。圣武天皇在宫廷内观看相扑戏、命文人赋七夕诗、赐禄等节日活动。除此之外,孝廉天皇还曾举办乞巧奠的活动,放置摆有各类水果的四角桌,将金银针各七根放在树叶上,用五色线穿过金银针,整夜焚香祈祷牛郎织女相见。① 除此之外,公家、武家、僧侣等也聚集起来,玩七献酒、七调子管弦、七百球等游戏。② 至江户时代,七夕节被列为官方的"五节句之一",它在普通民众中也被庆祝。当时,人们在七夕节时穿白色和服、吃挂面、向织女牵牛二星供奉黄瓜和茄子、互相馈赠礼物、在构树叶上写诗歌等活动。江户时代中后期,寺子屋学生和儿童也参加七夕节祭祀,写有诗歌的五色短册、供奉茄子西瓜豆角。至明治时代,作为全国性祝祭的"七夕节句"在明治改历后被废除。昭和时期时,七夕节才逐渐在商家和普通民众中被恢复过来。目前宫城县的仙台七夕祭、神奈川县的平塚七夕祭、爱知县的安城七夕祭和一宫七夕祭。

  中国七夕节传入日本后发生了文化涵化。在古代,日本采用中国的传统历法且主动向中国文化学习,这样的文化学习自然会影响到日本的节日文化。随着遣隋使、遣唐使、留学生以及学问僧的出现,七夕文化通过这一大规模文化交流活动进入日本上流社会。七夕的牛郎织女传说与日本固有的"棚机津女"传说相结合。日本在中国的七夕文化传入之前,就有"棚机津女"的传说,此传说讲的是农历七月十五日这天,在村落水边搭建织布的神圣棚子,少女在棚里织神衣等待天神的到来,天神到来后会穿上少女所织的衣服并与少女结为夫妻,少女会怀上

---

① 邱丽君:《中国传统七夕节文化在日本的传播与演变》,《中州学刊》2017年第6期。
② 毕雪飞:《七夕文化在日本的传承与发展》,《日本学刊》2007年第6期。

天神的孩子并且自己也成为神,为村子抵挡灾难。织女与"棚机津女"在水边(银河/村落水边)等待来访者(牛郎/天神)相会的情节具有一致性。这种类似性也容易让当时的日本民众接受七夕文化。

(三) 朝鲜半岛的七夕

朝鲜半岛的七夕节是从中国传入的。至迟在朝鲜半岛的三国时代,七夕传说已经传入朝鲜半岛。据考古资料显示,德兴里壁画墓的前室南墙壁画中就绘有牛郎织女的图像。进入高丽时代,七夕节在朝鲜半岛得到进一步发展。《高丽史》载:癸巳二年秋七月"壬申七夕,王与公主祭牵牛织女于内庭"。可见,当时王室成员已有在七夕祭拜牵牛织女的习俗。《东文选》也记载有李奎报的《七月七日雨》、李谷的《七夕小酌》和李齐贤的《七夕》三首高丽时期的七夕诗。《七夕小酌》载:"乞巧曝衣非我事,且凭诗句遣闲愁。"从诗的描绘来看,当时已有乞巧、曝晒衣服、吟诗等七夕习俗。至朝鲜王朝时代,民间仍流行七夕晒衣裳的习俗。《东国岁时记》中的"七夕"条记载:当时民众在七月七日家家户户晒衣服。目前,七夕已不再是官方的节日。

位于朝鲜半岛的韩国,七夕节还有七夕告祀、七夕游戏、食用小麦盒子等习俗。所谓"七夕告祀",又称七星告祀、迎七夕,由家中女性于七夕前夜、当天或当天傍晚在家中摩祷祈愿,也有去寺庙进献佛供或在万神家做迎七夕巫祭,以祈求子孙长寿、针线活与纺织手艺精进,或祈愿家宅平安。"在全罗南道,七夕和七星神有着密切的关系,各个家庭会向七星神虔诚祈祷,简单地准备好年糕和小菜或井华水以后,在酱缸台或井边垒起一个台子,把祭品放上,向七星神祈福。"[①]七夕游戏是民众在七月七日当天举行以农乐队为首的集体游戏,包括游街、合宫戏、净鹳泉戏、七星巫祭、牵牛织女相会戏、杖击戏等。除此之外,小麦盒子是韩国七夕节的一种圆形煎饼放入馅料后制成半月形的节日食物。

---

① 耿瑞芹:《韩国全罗南道岁时风俗研究》,《民族学刊》2016年第3期。

第二节　汉字文化圈国家的七夕食俗

七夕节在汉字文化圈国家均有着悠久的历史。在历史发展进程中，发源于中国的七夕节与各国本土文化互相融合，形成了丰富多元的岁时节日习俗。在这些习俗中，七夕食俗是其中重要的组成部分。

(一) 中国七夕的代表性食物：巧果和巧饭

中国七夕节的代表食物之一是巧果。不同历史时期和地域对巧果的称谓和做法各有不同。宋代时，都城东京（今开封）会在七夕时制作造型奇巧多样的笑靥儿，被称为"果实花样"。当时的果实花样的主要材料是油面糖蜜，通常是捻香方胜等造型，买一斤以上的会得到一个被称为"果实将军"的果子。清代时，苏州及其周边流行七夕食用"苎结"的习俗。当时，七夕节前，集市上就开始售卖巧果，使用白面和糖来制作，绾成苎结的形状后用油炸脆。不同地域对巧果的习惯称谓和制作方式也不一样。江苏苏州以油煎，山东胶东地区为烙制。江浙地区在七夕时会制作人型巧果糕点，江苏常州称为"油炸人酥"，浙江洞头称为"七巧人"，浙江台州地区糕饼店会制作巧酥，巧酥多用面粉包酥糖馅料，在模具中压成织女身形蒸熟。[①] 七夕节时，巧果既可食用，也可馈赠。

巧饭也是七夕节的典型节日食物。《董勋问礼俗》载："七月黍熟，七日为阳数，故以糜为珍。今北人唯设汤饼。无复有糜矣。"可见，古代时命中曾有在七月七日食用糜和汤饼的习俗。山东地区有七夕吃面条、水饺的习俗，昌邑地区的民众以七种野菜为馅料制作包子并将七夕制作的面条称为云面；临荣成和文登的姑娘们用绿豆、玉米、高粱、黄

---

① 张勃、荣新：《中国民俗通志节日志》，山东教育出版社，2007，第251页。

豆、小麦等发出芽菜,称其为巧芽,并使用巧芽制作面条。在山东潍坊、河南新乡等地,还有姑娘各出食材制作七巧饭并共同食用的习俗。山东胶东地区还有食用麦芽糖饼的习俗。除了巧饭外,中国台湾还有食龙眼、亲戚间互相馈赠麻荖和雪梨的习俗。

(二)日本七夕的代表性食物:索饼

日本七夕节格外注重祭拜,在祭拜中的供品具有地方和时代特色。索饼是日本七夕节重要的食物之一。据《延喜式》(905年)中记载,"索饼"是七夕节"织女祭"上的供品。日本的索饼传自中国,是由米粉和面粉混在一起做成的一种点心。《释名·释饮食》中记载:"蒸饼、汤饼、蝎饼、髓饼、金饼、索饼之属皆随形而名之也。"《平安时代史事典》中记载,索饼是在七夕节为了驱除疟疾而食用的,后来素面代替了索饼,成为长久以来的传统。

除了索饼外,日本七夕节祭祀还有很多食物。每到七夕,日本女性会在庭院的祭台上供上酒、瓜、年糕等物。[①] 平安时代"七夕"祭品颇为丰盛,朱漆的高腿桌上摆放着装满山珍海味的碟子,还供着瓜、茄子、桃子、梨、酒杯、大角豆、兰花豆、蒸鲍鱼、鲷等,这些供品一般放在素烧陶器中。进入室町时代,宫廷内部举行了较为盛大的"乞巧奠",《建武年中行事》记载了七夕的节俗活动:是夜,庭院里放上四张桌,九盏灯台分放各角并点燃,桌上供有瓜、梨、桃、茄子、大豆、鲍、鲷、酒等,然后摆放上古筝,演奏一定的曲目,并有人说牛郎织女二星相会的故事。[②] 至元禄时代,人们开始悬挂纸签、幡。还要把蔬菜、鱼类、果实等供于一张两腿桌上,在其前面放上乐器、香花、莲叶,把五色的丝线挂在带枝叶的竹子上。[③] 如今,民众会在七夕这天到商店购买粘米做的小点心。吃这个

---

① 毕雪飞:《七夕文化在日本的传承与发展》,《日本学刊》2007年第6期。
② 同上。
③ 边冬梅:《源于中国的日本"七夕"》,《美与时代(下半月)》2009年第7期。

小点心是有讲究的,一来是喜鹊搭的桥怕不结实,为了保障牛郎织女的安全,要弄些黏的东西来把桥粘得结实点;二来牛郎织女好久不见,难免有些情不自禁的情节,喜鹊们看在眼里,不免乱说,所以要弄些黏的东西把厮鸟们的嘴巴粘起来。

(三) 朝鲜半岛七夕的代表性食物:面条、小麦盒子、蒸糕

朝鲜半岛传统的七夕食俗不多,与中国、日本相似,都是以面食为主。例如,面条、麦煎饼以及蒸糕。民众认为七夕过后天气就会转凉,小麦制作的食品就会成为过季的食品,因此,这一天要以面食为主。位于朝鲜半岛的韩国,七夕节的代表性食物是小麦盒子,也被称为小麦糕、小麦煎饼等。小麦盒子是一种半月形的、以红豆沙或栗子作为馅料、经油煎制作而成的一种面食。小麦盒子常常是在小麦收割完成时制作,此时恰逢七夕前后。此时,民众基本结束了忙碌的农活,闷热的天气也逐渐开始转凉。小麦盒子的制作方法与花煎差不多,先做成圆状,包入馅料后再对折起来,之后再用油煎熟。

第三节 "药食同源"视阈下的七夕食俗解读

中医药文化认为自然界万物都是由金、木、水、火、土五行构成,在自然界中充斥着阴阳二气。人作为自然界的一份子,自然也不例外。因此,"因地制宜、因时制宜、因人制宜"等成为人们普遍接受的养生观念。中医学认为中药和食物是没有明显边界的,即药食同源,食物同中药一样都具有"四性"和"五味"。虽然汉字文化圈国家七夕节的食俗在发展过程中的差异渐渐变大,但是其丰富多彩的七夕食俗文化无一不体现了中医药文化的独特内涵。

第六章　鹊桥相会：汉字文化圈国家七夕节食俗与中医药文化

（一）七夕食俗的养生主题

在中国、日本、朝鲜半岛，七夕节的时间都是阴历的七月初七（日本在明治维新后将其改为阳历7月7日），是中国二伏天，也是日本和朝鲜半岛一年中天气相当闷热的时间。根据自然界万物变化的规律，中医药提出了顺应自然的春生、夏长、秋收、冬藏的观念，七夕正值夏末秋初，夏季的余热未退，立秋的凉意已经逐渐袭来。在季节交替之中，人们要应对秋季转凉后的干燥。中医根据季节变化和身体内器官的不同功能，指出阴阳五行与人身体的器官相对应，阴阳五行又与季节是相对应的。五行的木火土金水对应身体的肝心脾肺肾，其所对应的季节为：春季护肝，夏季养心，长夏主脾，秋季润肺，冬季主肾。七夕是在长夏与秋季之交，长夏脾经运行，秋季则肺经运行，同时秋季属少阴（阳中之阴），因此在这个时间节点，人们的主要养生理念是温补脾胃，滋阴润肺。

（二）中国七夕食俗与中医药文化

中国民众会在七夕吃面食，如面条、七巧果等。中国北方有"头伏饺子二伏面"一说，吃面的目的就是消暑祛湿，即中伏吃热汤面，能够通过出汗来祛潮湿。《本草纲目》记载，新麦性热，陈麦平和，小麦面甘温，并且小麦归入心、脾经，能够养心除湿，尤其治女性脏躁。《医林纂要》中还指出，小麦能够"除烦，止血，利小便，润肺燥"。《黄帝内经·素问》将小麦列为"五谷之长"。面，气味甘，温，有微毒……补虚……藏器养气，补不足，助五脏。日华水调服，治人中暑，马病肺热。人们在七夕这一天会用绿豆或豌豆"种生""泡巧"，一些地方还会用绿豆芽做"巧芽面"，将面食的祛湿和绿豆芽的清热消暑结合起来。梨子有清热化痰、润肺止咳的功效。在中国北方，人们在夏秋季节喜欢喝冰糖雪梨，台湾地区在七夕这天亲戚间以雪梨相馈赠。

在中国,受中医药文化浸润,民众的养生观念很强。民众会在特定的时节将中药纳入到饮食中来。中国传统七夕食俗中,巧果是必不可少的。巧果的主要材料是油、面、糖和蜜。蜜,味甘平,"(主治)心腹邪气,安五藏,益气补中,止痛解毒,除众病,和百药。久服,强志轻身,不饥不老,延年神仙。和营卫,润脏腑,通三焦,调脾胃"。①。如今浙江的杭州、宁波、温州等地,也会做"巧果",除了巧果外,人们还会在庭院中摆上莲蓬、白藕、红菱等,与家人共享七夕佳节。其中莲蓬和白藕都有补脾止泻,补中养神的作用。传统七夕女子祭祀织女都少不了"五子",即桂圆、红枣、榛子、花生、瓜子。桂圆和红枣都能够健脾益胃、补气养血、养血安神,对女子而言是养生佳品。榛子更是健脾胃,益肝明目的佳品。花生味甘性平,入脾、肺经,能够醒脾和胃,滋养调气,延年益寿。

(三)日本七夕食俗与中医药文化

在日本,索饼是七夕祭祀的重要食品。江户时代后期,在日本的东北地方,人们在七夕节这天喝汤,互赠面食。不论是索饼还是素面,都能够祛湿气,预防因夏末湿热而引起的疟疾等病。《饮膳正要》中也指出:小麦能够治滑痢肠胃不固。大角豆、兰花豆同样是日本七夕祭祀必不可少的食物。《湖南药物志》中记载,"兰花豆健脾,止血,利尿。黄豆味甘平、生黄豆性温;熟黄豆性寒,因此生研,涂痈肿。煮汁饮,杀鬼毒,止痛。"因此,食用兰花豆和黄豆都有健脾、利湿的功效。在日本的七夕供品中,梨子也是不可缺少的,同样发挥着"清热化痰,润肺止咳"的功效。

(四)朝鲜半岛七夕食俗与中医药文化

朝鲜半岛民众在七夕吃面条、麦煎饼和蒸糕,他们认为七夕节是最后一次吃面食的机会,认为过了七夕天气转凉后,小麦就会变质。新麦

---

① 刘永山主编:《本草纲目》新校注本,华夏出版社,2008,第1483页。

性热,七夕食用新麦做的面食,更能够达到温补健脾的效果。韩国民众会在七夕节做南瓜饼,据《本草纲目》记载,"南瓜味甘、性温,入脾,胃经;具有补中益气,消炎止痛,解毒杀虫功效"。韩国民众在七夕还喜欢用桃子等时令水果做甜茶,桃子本身具有生津活血、润肠消积的功效。韩国民众在七夕还会食用红豆粥、红豆糕等食物,因为赤小豆利水化湿、行气健脾,在七夕节食用不仅除湿,还能够提前健脾,为秋季的温补脾胃做好准备。

附录

附录1：
七夕节之各国习俗（节选）

韩国：祭祀讲究饮食

韩国文学家崔南善在《朝鲜常识》中记载，七夕原来是中国的习俗，后传到了韩国，恭愍王（高丽第31代王）跟蒙古王后一起祭拜牵牛（牛郎）和织女星，并在那天把俸禄给百官们。

韩国七夕最具代表性的风俗就是祈求织女星，希望自己也跟织女一样有着灵巧的手、织布织得更好。当天早晨妇女们把香瓜、黄瓜等瓜果放在桌子上磕头祈求，让女人们织布的手艺越来越好。韩国七夕的另一个重要事宜就是祭祀，祭祀可分为家庭祭祀和集体祭祀两种。韩国女性要在祭台放上干净的井水，牛郎织女不再成为祭祀对象，她们主要是为了祈求亲朋好友的平安。有些地方则举行祈求丰收的田祭。

韩国的七夕饮食也有讲究，传统食品有面条、麦煎饼，还有蒸糕。

(有改动)

(原文来源：人民网，2015年8月18日，
http://he.people.com.cn/n/2015/0818/c372813－26032503.html)

附录 2：
和果子有着中国文化交流史？它融合了中西方的点心技艺（节选）

我们现在一般所说的"和果子"是点心，但其一开始却真的是水果、干果一类，后来渐渐出现了用米和豆类制作的饼类。7 到 9 世纪，唐朝政治文化强盛，辐射至周边各国，日本尤其崇慕盛唐文明，当时随着各种中国制度文化传到日本的，还有中国的点心，被唤作"唐果子"。唐果子有索饼（类似面条）、馄饨、结果、糫饼等多个种类，一般是用米粉或小麦粉制成，下锅油炸，然后调出甜味。常用的甜味调料是甘葛煎（某种从植物中提取的甜味剂，已失传）或蜂蜜，至于今天常见的砂糖，在当时还是珍贵而奢侈的进口物品，仅做药用。值得一提的是，据传蔗糖也是由鉴真和尚从中国渡海带来的。唐果子的传入对和果子的发展影响深远，甚至可以说启发了现代和果子的灵感，至今日本还有店铺制作出售类似的"古早味果子"。

……

在日本传统节俗中，和果子和茶道一样，都是不可缺少的重要角色。有趣的是，许多节日也是从中国来的，在日渐改良中又加上了自己的饮食风俗。如三月三的偶人节（中国叫上巳节）除了曲水流觞之外，也要吃雏果子。一些雏果子是用艾蒿、鼠曲草做成，有些类似青团的制法。还有五月五的端午节，以东京为中心的东日本主要吃柏饼，而以京都为中心的西日本则和中国一样吃粽子，只是形状有所差异。七月七的七夕节吃素面，八月十五过"月见节"，吃满月形状的月见团子，有些像我们中秋节吃月饼的意思。

饮食的背后有其文化渊源，和果子的成型完善便是文化交流史的典型一例。

（有改动）

（原文来源：张玉瑶，北京晚报，2019 年 5 月 17 日，https://m.takefoto.cn/viewnews－1790057.html）

附录3：
在国外，七夕节不止是"情人节"（节选）

韩国：食煎饼、蒸糕

据韩国文学家崔南善在《朝鲜常识》中记载，七夕原是中国习俗，后传到韩国。恭愍王跟蒙古王后一起祭拜牵牛和织女星，并在那天把俸禄发给百官们。到了朝鲜王朝开始在宫廷里摆宴会，给儒生们实行节日制的科举。

每年七夕，除了祈拜织女星外，韩国还会举行祭祀。韩国家庭都摆放煎饼和今年第一次收获的水果，妇女会在酱缸台上摆放一碗井水，祈求家人长寿、家庭平安。同时，韩国人还会食面条、煎饼、蒸糕，饮水蜜桃五味子茶。现在，韩国部分地区仍然流行在七夕食煎饼和蒸糕的传统。除了传统的祭祀用煎饼外，年轻人多数会食"惹味"的海鲜煎饼、泡菜煎饼来度过七夕。

（有改动）

（原文来源：腾讯海外网，2018年8月17日，https：//xw.qq.com/cmsid/20180817A0MJKI）

第七章
天下共秋:汉字文化圈国家中秋食俗与中医药文化

> 京师之日八月节者,即中秋也。每届中秋,府第朱门皆以月饼果品相馈赠。至十五月圆时,陈瓜果于庭以供月,并祀以毛豆、鸡冠花。是时也,皓魄当空,彩云初散,传杯洗盏,儿女喧哗,真所谓佳节也。
>
> ——富察敦崇《燕京岁时记》

中秋节是中国传统文化节日之一,流传于全国众多民众之中。农历八月十五是中秋节,又称"月夕"、"仲秋节"和"团圆节"。从古至今人们都有中秋之夜饮宴赏月的习俗,有圆满之意。在周代,中秋节这天有"中秋夜迎寒""中秋献良裘""秋分夕月"的活动;汉代在中秋或立秋之日敬老、养老;到了晋代已有赏月的习俗;直到唐朝,中秋节与嫦娥奔月、吴刚伐桂、玉兔捣药、杨贵妃变月神、唐明皇游月宫等神话故事结合起来,赏月之风大兴;北宋将中秋节定为八月十五日,并出现了"小饼如嚼月,中有酥和饴"之类节令食品。中秋节寓意着团圆,其崇尚内容虽然正在淡化,但娱乐、节日饮食等习俗仍活跃在当代人的生活中。

第一节 中秋节在汉字文化圈国家的流变

历史上,尤其是唐宋时期,同处汉字文化圈的中国、日本、朝鲜半岛、越南长期保持着密切的文化交流。哲学、医药、器物、历法等在汉字文化圈内频繁流动，造就了汉字文化圈诸国在文化方面存在一定的相似性。中秋节是汉字文化圈国家所共享的重要节日，在中国中秋节传播到其他国家时，与当地的地方文化相互交融，分别形成了独具特色的中秋节文化。

（一）中国的中秋节

中秋节是秋季的重要节日，节期在秋分和寒露之间的农历八月十五日，又称为"秋节""八月节""玩月节""八月十五""八月半""月夕""团圆节""女儿节"。中秋节是中国的传统佳节之一，大致肇始于南朝，至唐朝时节期固定在八月十五，于宋朝深入民间，明清以降日渐隆重。唐朝时，王公贵族、文人雅士已经有喜欢在阴历八月十五日玩月、赏月的习俗，但尚未形成盛大的节日。宋朝时，中秋节的影响力逐渐增大，被视为重要的岁时节令。《东京梦华录》记载："中秋夜，贵家结饰台榭，民间争占酒楼玩月。丝篁鼎沸，近内庭居民，夜深遥闻笙竽之声，宛若云外。闾里儿童，连宵嬉戏。夜市骈阗，至于通晓。"北宋时的都城汴京（现开封），从内庭、贵家到民间、从大人到小孩均沉浸在中秋节的欢乐之中，彻夜宴饮享乐、嬉戏玩乐。《梦粱录》中亦有杭州城的"王孙公子，富家巨室""铺席之家""陋巷贫窭之人"均彻夜玩月宴饮的记载。明清以降，中秋节日渐成为重要的节日，岁时记、地方志中多有中秋习俗的记载。《燕京岁时记》载："京师之曰八月节者，即中秋也……至十五月圆时，陈瓜果于庭以供月，并祀以毛豆、鸡冠花。是时也，皓魄当空，彩云初散，传杯洗盏，儿女喧哗，真所谓佳节也。"除此之外，中国的地方志中亦有较多的记载。目前，中秋节仍为中国民众所欢庆，2006年时还被列入首批国家级非物质文化遗产名录。

（二）日本的芋名月

历史上，日本的中秋节吸收了中国中秋节文化。然而，与中国的中秋节不同的是：日本的中秋节分为两个节期，即农历八月十五和农历九月十三，均是赏月庆贺的好时机。节期在农历八月十五的中秋节被称为"月见"（つきみ）、"芋名月"（いもめいげつ）或"十五夜"（じゅうごや），节期在农历九月十三的被称为"栗名月"（くりめいげつ）、"豆名月"（まめめいげつ）或"十三夜"（じゅうさんや）。中秋节（指阴历八月十五日的"芋名月"）约在日本平安时代（相当于中国唐朝）传入日本，首先流行于日本宫廷之中，随后在民间流行。成书于明治时代的《古事纪略》中认为："八月十五夜赏月一俗，系仿支那人风习。自宽平延喜之时始，以此为乐，设宴赋诗，渐渐风行，至后世而不衰。"《年中行事仪礼事典》亦认为："旧历八月十五日满月之夜，鉴赏仲秋名月，供奉五谷，以志感谢。赏月风习，源于中国唐朝，平安时代传至日本。"由此可见，日本八月十五夜晚赏月习俗是对中国人中秋赏月、玩月习俗的效仿。其中，宽平、延喜均是日本平安时代的年号，时间跨度分别为889~898年和901~923年，大致在公元九世纪末至十世纪初，相当于唐朝末年。《日本纪略》中记载有："延喜九年闰八月十五日，夜，太上法皇召文人于亭子院，令赋月影浮秋池之诗。"此时，日本中秋节的习俗主要是贵族文人赏月赋诗、饮酒享乐。明治维新后，日本开始废除旧历，启用西历，多数传统节日被定为阳历，仅有中秋节还是在阴历庆祝。除了阴历八月十五外，阴历九月十三的"栗名月"属于日本中秋文化的一部分，但九月十三日并非所要探讨的重点，故不再赘述。

（三）朝鲜半岛的秋夕节与秋文节

朝鲜半岛称中秋节为秋夕、秋文或嘉俳，韩语称为"추석""Hangawi"。中国和朝鲜学者在朝鲜半岛中秋节的起源方面素有争论，或认为中国传播到朝鲜，或认为起源于新罗时代的嘉俳节。朝鲜半岛庆祝秋夕具有悠久的历史，通常认为朝鲜半岛在三国时代的新罗国已经有庆祝阴历八月十五的活动，当时称为"嘉俳"。《三国史记》载："自

秋七月既望,每日早集大部之庭绩麻,乙夜而罢。至八月十五日,考其功之多少,负者置酒食,以谢胜者。于是歌舞百戏皆作,谓之嘉俳。"新罗国的嘉俳节主要集中在依据一月内绩麻多少来评判输赢,输的人要为赢的人准备酒食,此时还表演歌舞百戏来庆贺。新罗国庆贺嘉俳的活动主要是在贵族阶层,在《隋书·东夷列传·新罗》《旧唐书·东夷列传·新罗》中亦记载新罗国有"设乐"、"宴饮"、"令官入射"和赏赐官员等习俗。不过,新罗国庆祝嘉俳还有另一种说法。《入唐求法巡礼行纪》载:"新罗国昔与渤海相战之时,以是日得胜矣,仍作节乐而喜舞,永代相续不息。设百种饮食,歌舞管弦以昼续夜,三个日便休。"按圆仁的记载来看,新罗国庆祝阴历八月十五,主要是由于在与渤海战争中获得胜利,所以是庆祝胜利的节日。

据现有存世文献来看,阴历八月十五较早被称为"秋夕"的时间约在高丽时代。高丽时代,朝鲜半岛形成了"九大俗节"。按照时间先后排列,"九大俗节"分别是元正、上元、上巳、寒食、端午、秋夕、重九、八关(又称八关斋、八关斋会,时间在阴历十一月十五日)、冬至。高丽国王在秋夕当天给官员们放假一天。至朝鲜时代,秋夕仍是重要的节日,与春节、端午、寒食并称"四大名节"。《东国岁时记》载:"十五日,东俗称秋夕,又曰嘉俳,肇自新罗俗,乡里田家为一年最重之名节,以其新谷已登,西成不远,黄鸡白酒,四邻醉抱,以乐之。"由上述记载来看,当时民间已开始将秋夕节视为最为重要的名节之一。在日统时期,秋夕节的许多集体传统活动被禁止,但是民众仍将其视为重要的节日;光复后,韩国秋夕节以"秋收节"的名义列入国家假日体系;20世纪80年代以来又逐渐恢复并被列入韩国的国家级非物质文化遗产名录。目前,祭祀祖先、庆贺丰收是中秋节的重要意义所在。在韩国的国家法定节假日体系中,仅有春节和中秋仍有假期,其中中秋假期为3天。韩国部分地区流行秋夕穿新衣、饮嘉俳酒、食松饼、吃芋头汤,妇女进行羌羌活水来、乌龟游戏、织布游戏等游戏,还会举行瑞山朴金知戏、牛戏、斗牛、义城斗轿等文娱活动。

(四) 越南的中秋节

中秋节是越南的重要节日之一,越南语中称为"Tết Trung thu"或"tết rằm tháng tám"。据有学者考证,越南中秋节在远古时已存在,越南李朝时正式在升龙都城被组织庆贺。越南李朝所处时代大致是在中国的宋朝,中越两国在此时的文化交流密切,中国的岁时节日文化与越南本土文化互相影响是具有可能性的。与中国强调家庭团圆、祈盼丰收的节日主题不同,越南将中秋节视为儿童节(越南语称"tết Nhi Đồng")。越南中秋节是以儿童为主角,许多中秋节的活动都是围绕儿童而展开。描写越南20世纪前后风俗情况的《安南风俗册》中记载:"儿童多买纸花灯纸象马为戏具,入夜陈百菜作赏月盘,多用月样。"在现代社会中,越南的孩子们常常会在中秋节收到父母准备的礼物,享用精心准备的中秋食物、夜晚提鲤鱼灯出游玩耍、聆听阿桂奔月的故事。越南也有类似于中国嫦娥奔月类型的中秋节传说故事(即《月宫中的阿桂》),但是越南中秋故事的主角名为阿桂,月宫中的树木不是桂树而是榕树。二十世纪初越南诗人伞佗所作的《欲做阿桂》中就有"秋夜嫦姐可知否?尘世今弟好烦忧。借问宫桂有人否?榕枝求姐月中游。有朋有友何言怼,陪风伴云方为乐。每逢中秋月圆时,相依笑看世上人"。这首诗就化用了越南中秋的阿桂传说故事。

第二节 汉字文化圈国家的中秋食俗

作为节气转换、季节更替的标志性节点,中秋节在汉字文化圈国家均被认为是传统文化的重要组成部分。在汉字文化圈国家的文化交流过程中,各自形成了一系列中秋食俗。而透过与之相关的饮食习惯、饮食观念、食材选择、烹调方式，不仅可以深刻体会汉字文化圈内部相似的生活节律和民俗文化，更可以为理解认识相关国家在传统医学、节气时令方面差异性的历史渊源提供许多具体的案例。

（一）中国中秋的代表性食物：月饼、芋头、桂花、螺、米糕和时令水果

中秋节的民俗活动非常丰富，且主要集中在晚上，主要以祭圆月、庆团圆为主题，其节令食品则有月饼、芋头、桂花、螺、米糕、各类时令水果等。《帝京岁时纪胜》记载：北京的中秋时食除"中秋桂饼之外，则卤馅芽韭稍麦，南卤鸭，烧小猪，配食糟发麦团，桂花东酒"。月饼是中秋节最具代表性的节日食品，因形状圆似满月而得名，又称"团圆饼"或"月团"。月饼是中秋节馈赠亲友和食用的重要中秋节食品。《燕京岁时记》记载：北京"每届中秋，府第朱门皆以月饼果品相馈赠"。中国的月饼种类繁多，外观、口感、工艺、味道都存在很大区别，按产地可以分为京式月饼、广式月饼、滇式月饼、潮式月饼、苏式月饼、台式月饼、港式月饼、徽式月饼、衢式月饼、秦式月饼、晋式月饼；就口味而言，有甜味、咸味、咸甜味、麻辣味；从馅心讲，有桂花月饼、梅干月饼、五仁、豆沙、玫瑰、莲蓉、冰糖、白果、肉松、黑芝麻、火腿月饼、蛋黄月饼等；按饼皮分，则有浆皮、混糖皮、酥皮、奶油皮等；从造型上又有光面与花边、图案之分。

芋头的收获期也多在阴历八月。在中国的南方地区，流行着中秋食芋的习俗，意寓辟邪消灾或生活富足、添丁进口——芋谐音"遇""育"。如在我国客家地区，中秋节有吃煎芋丸和剥食芋头的习俗。明清两代，两广地区就流行中秋赏月、食芋头等习俗。《雷州府志》载："中秋，家设酒肴，蒸芋赏月。"《梧州府志》载："八月十五日中秋，置酒肴，剖香柚，剥新芋，饮月下，为赏月之会。"不同地区对剥芋头还有不同的称谓，如潮州地区的民众将剥芋头称为"剥鬼皮"。《潮州府志》载："中秋

玩月,剥芋食之,谓之剥鬼皮。"广州地区的民众则将剥芋头称为"剥疵癞儿"。《广东通志》载:"中秋剥熟芋蕉柚,谓之剥疵癞儿。"一般来说,民众常在中秋节剥食新收获的芋头。目前,中秋食芋的习俗仍在南方地区广泛流行,但食用芋头的方式更为多元化,如毛豆烧芋艿、蛤蜊炖芋头、芋头炒米粉、葱香芋头等。

除月饼和芋头外,桂花、田螺、米糕、时令水果也是重要的中秋食俗。桂花恰于农历八月份盛开,成为中秋美食之一,如上海地区喜喝桂花蜜酒、苏州的桂花点心(桂花猪油年糕、桂花酒酿汤圆、桂花栗子糖藕、桂花糖芋艿)、常州的糖桂花烧芋头等。我国上海地区非常喜欢食用桂花。上海地区常常将桂花用糖或盐渍桂花;将桂花和入米面制作桂花糕;烧食汤山芋、糖芋时会加入桂花;饮茶时加入桂花或用桂花熏茶;糯米桂花甜酒酿是上海人最喜爱的食品之一。① 中秋节前后,上海地区的桂花酒是最受欢迎的节令饮品。除此之外,中秋前后的田螺正是肉质肥美之时,食用田螺自然成为中秋的重要食俗。《广东通志》载:"八月望夜,赏月剥芋食螺。"《顺德县志》亦载:"八月望日赏月,尚剥芋食螺。"民众相信中秋所食的田螺具有明目的功效。我国广东的企石镇有中秋食用炒米糕的习俗,经过清水浸泡的糯米要炒至金黄并放入石磨中磨成粉,再加水,以花生、芝麻、砂糖作为馅料,模印而成。时令水果也是中秋节的重要时食之一。《帝京岁时纪胜》记载:"香果苹婆,花红脆枣,中山御李,豫省岗榴,紫葡萄,绿毛豆,黄梨丹柿,白藕青莲。"在中国台湾麻豆地区的文旦是重要的中秋节时令食品。文旦是柚子的一种,在中国台湾地区的栽培历史有 300 余年之久,以其皮薄、肉甜、多汁的特点而广受欢迎。

(二)日本中秋的代表性食物:月见团子和芋头

日本中秋节(此处特指芋名月)的节令食品是月见团子和日本芋

---

① 顾承甫:《沪上岁时风俗》,华东师范大学出版社,1989,第 132 页。

头。《近畿の岁时习俗》一书记载了大阪府地区在芋名月食用月见团子、芋头等习俗。《东北の岁时习俗》记载日本东北部的福岛县在芋名节食用月见团子和芋头的习俗。月见团子(又称江米团子)是一种用糯米制作的白色无味团子,主要在中秋节时用于供奉和食用。不同地区的月见团子的形状存在着一定的差异。如关东地区的月见团子是满月形的并要垒叠起来;日本静冈地区的月见团子呈扁平状,中间凹陷;新潟地区的月见团子呈白薯状,并撒上大豆粉;大阪地区的月见团子呈芋头状,其一头有尖。部分地区还会在月见团子上加入红豆。如九州部分地区会包入红豆馅,关西地区则是将红豆沙撒在月见团子上,还有地方会将红豆直接撒在月见团子上。

农历八月是日本芋头收获的季节,因此芋头也成为中秋节的重要节令食品。日本关东地区的栃木县、茨城县、埼玉县、神奈川县;近畿地区的京都府、大阪府、兵库县、和歌山县;九州地区的福冈县、长崎县、熊本县、宫崎县等地区均存在中秋食用里芋、泥芋、琉球芋、南京芋的习俗。除了月见团子和芋头两种典型中秋节令食品外,葡萄、梨、柿子、无花果、青梅等时令水果也是日本中秋节的供品和食品。如日本东北部的青森县流行将葡萄和梨等水果作为供品;关东地区普遍流行中秋节食用柿子,该地区的埼玉县还食用无花果,东京都还有食用青梅的习俗;九州岛的宫崎县在中秋节食用柿子和蜜柑。枝豆(或大豆、青大豆)、栗子、萨摩芋(即红薯或甘薯)等也是日本中秋节祭祀膜拜的重要供品。日本东北部地区的民众喜欢用枝豆(即黄豆)作为供品;以栗子为中秋供品的习俗则广泛流行于日本关东地区、九州岛部分地区、东北地区的青森县等地区;中秋节食用萨摩芋(即红薯或甘薯)的习俗则流行于关东地区、近畿地区的和歌山县、九州岛的宫崎县等地区。除此之外,大根、牡丹饼、馒头、豆腐、酒、茄子、胡瓜、土芋(土豆)等食物也是日本部分地区的中秋节供品和食品。

（三）朝鲜半岛中秋的代表性食物：新酿米酒、松饼、药粥与芋头

中秋节在朝鲜半岛被称为秋文节（朝鲜）或秋夕节（韩国）。朝鲜半岛的秋夕（文）节是欢庆丰收、祭祀祖先、祈求风调雨顺的节日，节期在每年农历八月十五日，典型的节令食品是新酿米酒、松饼和药粥。《东国岁时记》记载秋夕的时食有新酿米酒、松饼、引饼、栗团子等。新酿米酒多用新米酿制，还称为"嘉俳酒"。松饼是韩国中秋节的重要食品，韩语中称为"송편"。秋夕松饼按馅料有无可分为有馅松饼和无馅松饼。松饼呈半圆形，用白米粉做皮，通常以枣泥、豆沙、芝麻、红小豆、栗子、为馅料，蒸制时需要垫松叶（或松毛、松针），是朝鲜半岛民众馈赠亲友、节日食用的佳品。依据所添加食材的不同，松饼有可被称为"苎麻叶松饼（即用粳米粉加苎麻叶成）""松皮松饼（即用粳米粉和松树内皮制成）""橡子松饼（即用橡子粉制成）""葛根松饼（即用葛根粉制成）""花式松饼（即用多种颜色做出各种花朵的形状）"等。不同地区也会有不同类型的松饼，如首尔的民众喜食用五味子、栀子、艾草染色的五色松饼；盛产土豆的江原道地区则喜食土豆松饼；全罗道地区喜食苎麻叶松饼；还有全罗道的梅花松饼、庆尚道的葛藤松饼、济州岛的豌豆松饼等也都非常著名。韩国宫廷在中秋节食用黄、粉、白、绿四色的"三色松饼"，韩国全罗道灵光地区食用一种大小相当于普通松饼二倍的特产松饼。

除了松饼外，芋头汤、秋夕药粥、栗子、蒸鸡、华阳炙、煎饼、药草糕、柠檬年糕等也是秋夕节的时令食品。秋夕药粥是用糯米、枣泥、蜂蜜、栗子、松子等食材熬煮而成的。芋头在秋夕前后收获，韩国民众常常在此时烹制芋头汤，作为秋夕的时令美食。芋头汤又称"土卵汤"，韩语称为"토란국"。早在高丽时代，芋头汤已经在民间广泛流行。生活于高丽时期的李奎报所著的《东国李相国集》中载："乡中熬制芋头汤。"秋夕的

芋头汤通常是先将芋头除去外皮,再用加盐的淘米水烫下,以保证芋头保持原色且不变得黏稠,放入由牛肉和酱料熬制的清汤中烹煮而成。人们相信秋夕节食用芋头汤有助于消化,避免滞食或拉肚。华阳炙(或称华阳串)是韩国秋夕的重要美食,韩语称为"화양적"。它是将香菇、桔梗、牛肉丝串在细杆上,先后沾面粉和鸡蛋煎制而成。秋季也是栗子成熟收获的季节。以栗子为主要食材制作而成的栗子糕、牛腱炖板栗等成为中秋节的重要节令食品。其中,牛腱炖板栗是由牛腱、新鲜板栗、风味独特的香菇等营养食材炖煮制成,既美味又养生。韩国秋夕节还会食用有益于女性健康的药草糕,常使用当归叶等药材,人们相信它具有护肤美容、补血活血、调经止痛等功效。大齿山芹团子、铁板牛肉大虾、芝麻酱烤年糕沙拉、柠檬年糕等也是韩国的宫廷中秋美食。除此之外,坚果、柿子、苹果、梨、枣等各色水果同样是韩国秋夕节的重要供品。

(四)越南中秋节的代表性食物:烤月饼、软月饼、皮饼和时令水果

农历八月十五日既是越南中秋节的节期,也是越南儿童节的节期。月饼是越南中秋节的时令食品,分为烤月饼和软月饼。烤月饼与中国月饼类似,呈圆饼状,馅料是五仁、枣泥、椰蓉、蛋黄等。软月饼用糯米面制成,白色圆饼状,比较柔软。除了以上两种经典中秋月饼外,越南南部地区,尤其是位于西南部的朔庄,盛行一种被称为皮饼的月饼。皮饼由面粉制成,其皮薄,馅料以绿豆为主,还可以佐以皮蛋或冬瓜片,馅心带有浓重的榴梿味。随着时代的变迁与习俗的流变,相比较于中国对于中秋节"团圆"文化内涵的重视,越南中秋节更关注儿童群体,许多节日活动围绕孩子而开展,如作为典型中秋节令食品的月饼已呈现出多种形态、多种口味。目前,除了传统圆饼形月饼外,鲤鱼形、月亮形、鱼群形等形状的月饼也饱受欢迎,月饼的馅料包括芋头、绿豆、蛋黄、糯米、黑蒜、抹茶、五仁、椰蓉、火腿等。除此之外,还有各类水果、其他食

品等用于拜月和食用。除月饼外,越南在中秋节还食用青、黄、红、白等多种颜色的糕饼。越南地处北回归线以南,属于热带季风气候,盛产热带水果,因此大多数传统节日具有食用水果的习俗,如越南在春节期间向祖先供奉五果盘以祈求年年有余和新年吉利,端午节时食用酸味水果驱虫。作为越南重要的传统节日之一,食用时令水果(如柚子、柿子和橘子等)也是越南中秋节的重要食俗。

第三节 "药食同源"视阈下的中秋食俗解读

时间文化和饮食文化同属中医药文化、民俗文化的重要组成部分。在中医学的诊断和治疗原则中,极富中国特色的治病求本(治疗疾病必须参透阴阳学说和五行学说)、三因制宜(根据季节、地区以及人体体质、年龄的不同选择不同的治疗方法)、协调阴阳(恢复被内外因素破坏了的阴阳平衡)、药食同源(药物与食物之间并无绝对的分界线,都有四气五味)、治未病(重视日常养生保健)等都与节气时令以及食材的选择、食品的制造烹调有关。

(一)中秋食俗的养生主题

人是自然界的组成部分。中医理论认为,在自然界的四季中,以春夏为阳,秋冬为阴,受其影响,人体在四季的阴阳盛衰也要与自然界阴阳消长带来的春生、夏长、秋收、冬藏更替循环相同步。如《素问·阴阳离合论》篇说:"生因春,长因夏,收因秋,藏因冬,失常则天地四塞。阴阳之变,其在人者,亦数之可数。"数,是推测的意思。中医学在养生保健和诊断治疗中都坚持顺应自然界阴阳变化的规律,摄取、转化天地精气,调适人体生理机能。随着汉字书写、汉文医学典籍和中国传统历法在日本、朝鲜半岛和越南的长期流行,与上述原则有关的观念、理论也在上述国家持续传播。这不但影响了这些国家传统医学理论的产生，奠定今天汉字文化圈国家中秋食俗相似性的历史基础，也为认知、理解它们在节令饮食习惯方面的差异性提供了一种较为可靠的理论框架。中医学认为燥是秋天的主气，初秋天气还热，承夏火的余热，多为温燥；深秋气温下降，近于冬寒，多为凉燥。秋季天气由炎热渐趋凉爽，阳气下降，阴气上升，并与五脏中肺机能旺盛的时期相对应。"肺主秋……肺苦气上逆，急食苦以泄之……肺欲收，急食酸以收之，用酸补之，辛泻之……肺色白，宜食苦，麦、羊肉、杏、薤皆苦。"一般说来，秋季的饮食养生应该以滋阴润肺、温补脾胃为主。

（二）月饼类食物的药用价值

中国月饼的种类虽多，但月饼的传统做法多要用到冰糖。据《吴郡岁时纪丽》记载：中秋月饼"大小形制不一，以糖和粉面为之。其馅有豆沙、玫瑰、蔗霜、百果各种……"。冰糖是砂糖的结晶再制品，为甘蔗汁煎熬而成。《本草纲目》中说："石蜜，即白沙糖也。凝结作饼块如石者为石蜜，轻白如霜者为糖霜，坚白如冰者为冰糖，皆一物有精粗之异也。""〔主治〕心腹热胀，口干渴。治目中热膜，明目。和枣肉、巨胜末为丸噙之，润肺气，助五脏，生津。润心肺燥热，治嗽消痰，解酒和中，助脾气，缓肝气。"冰糖甘，寒，冷利，无毒，具有润肺、止咳、清痰和祛火的作用。"以石蜜和诸果仁，及橙橘皮、缩砂、薄荷之类，作成饼块者，为糖缠"，已经接近五仁月饼的馅料。日本的月见团子、朝鲜的松饼以及越南的烤月饼与软月饼大致相当于中国的月饼。日本的月见团子由糯米制成，糯米味甘，性温，无毒，可以暖脾胃、补中益气。朝鲜的松饼和越南的烤月饼、软月饼在食材选择上都与中国的月饼相似。其中，松饼蒸制时下面要垫松叶（松毛），其"〔气味〕苦，温，无毒"，内含挥发油，代替笼布不仅可使松饼味道清香，还有祛风湿，生毛发，安五脏的作用。

(三)各国中秋芋头食俗的药用价值

中国南方和日本、朝鲜中秋节时都食用芋头,近年来越南也开始食用芋头馅月饼。芋头"〔气味〕辛,平,滑,有小毒",有开胃生津、祛热止渴、通便散结、补益肝肾、添精益髓的作用。① 中秋节期间,中国常州有食用糖桂花烧芋头,俗称"糖芋头",它由芋籽、红糖和桂花为主要食材。按照中医学的观点,红糖属味甘、性温、无毒、入肝脾,具有温润心肺,和中助脾,活血化瘀,缓中止痛的功效。桂花,又称木樨,秋季开花。桂花是辛温、无毒之物,可"收茗、浸酒、盐渍,及作香搽、发泽之类","同百药煎、孩儿茶作膏饼噙,生津辟臭化痰,治风虫牙痛"。② 根据《素问·脏气法时论》"肺主秋……肺苦气上逆,急食苦以泄之"以及"脾欲缓,急食甘以缓之,用苦泻之,甘补之"的原理,芋头味辛性平、红糖味甘性温、桂花味辛性温,三者配合有利于健脾润肺。日本食用的芋头一般采用蒸制方式并直接食用,目前也有制成芋头馅的月见团子,其中的糯米和芋头的功效上文已有说明。韩国传统芋头汤使用牛腱肉、芋头、萝卜等食材及葱、姜等香辛料。《本草纲目》曰:萝卜"根辛,甘……消谷和中……消痰止咳,治肺痿吐血,温中补不足"。③ 牛肉也有温补脾胃的功效,三者共同炖煮能够互相增益其温补脾胃的功效,有利于保护人体不受凉燥的侵扰。越南制作的芋头馅月饼所使用的糯米和芋头也均具有温补脾胃的功效。

(四)日韩两国的栗子食俗的药用价值

日本和韩国在中秋节有食用栗子的习俗。中医认为栗子具有补肾健脾,益胃平肝等功效。《食物本草》记载:栗"味咸,温,无毒。主益气,

---

① 刘永山主编:《本草纲目》新校注本,华夏出版社,2008,第1124页。
② 同上书,第1269、1298页。
③ 同上书,第1085页。

厚肠胃,补肾气……"。

韩国在中秋节食用栗子时,将其加入秋夕药粥,或用糯米粉、栗子和蜂蜜等食材制作栗团子或栗子糕,或以牛腱、栗子和香菇等食材做牛腱炖板栗。其中,秋夕药粥和栗团子(或栗子糕)均使用栗子、糯米和蜂蜜。《本草纲目》记载:糯米"补中益气……作糜一斗食,主消渴。暖脾胃";蜂蜜"益气补中,止痛解毒,除众病,和百药……养脾气,除心烦,饮食不下……和营卫,润脏腑,通三焦,调脾胃"。[①] 由于栗子、糯米、蜂蜜均有温补脾胃的功效,三者互相增益,其混合制成的食物自然增强温补脾胃、益气补中的功效。牛腱炖板栗所使用的牛腱肉同样具有补中益气、滋养脾胃、止渴止涎的功效,牛腱与栗子炖煮的食物自然能够增益其功效。

(五)中秋所食时令水果的药用价值

中秋节介于秋分和白露之间,气温逐渐降低,降水减少而导致空气干燥,肠胃、咽喉疾病多发,滋阴润肺、温补脾胃、润燥防病、保湿补水是重要养生原则。水果营养丰富且有利于补充水分,同处汉字文化圈的中国、日本、朝鲜(半岛)、越南均有中秋节食用时令水果的习俗。每逢中秋节,中国民众喜欢食用枣、李、榴、葡萄、梨、柿、柚(或文旦)等水果;日本民众食用葡萄、梨、柿、无花果、青梅、蜜柑等;朝鲜半岛的韩国民众食用柿子、苹果、梨、枣等;越南民众喜食柚子、柿子、橘子等。若按照中医学的观点,上述水果大多具有滋阴润肺、温补脾胃的功效。如日、朝、越在中秋节所食用的柿子具有健脾涩肠的功效。《本草纲目》中记载:"柿乃脾、肺、血分之果也。其味甘而气平,性涩而能收,故有健脾涩肠,治嗽止血之功。"中、韩两国所喜食的枣历来被视为益气养血的水果,具有补益脾胃的功效。《食物本草》记载,生枣"味甘、辛,热,无毒,大枣味甘,平……安中,养脾气,平胃气……"。橘子、蜜柑、柚、无花果等大多

[①] 刘永山主编:《本草纲目》新校注本,华夏出版社,2008,第988、1483页。

具有消渴、利肠胃的功效。《食物本草》记载,橘子"味甘、酸,温无毒……酸者,止消渴,开胃,除胸中膈气"。柑"味甘,大寒,无毒。利肠胃中热毒,解丹石,止暴渴,利小便"。柚"味酸、寒,无毒。主下气,消食快膈,散愤懑之气,化痰"。无花果"味甘,平,无毒。开胃,治泄痢。治五痔,咽喉痛"。梨、柑橘、石榴则具有降火除热,润肺的功效。梨常常被视为润肺止咳的水果佳品,橘子往往被认为导致上火而柑橘却有润肺的功效。《食物本草》记载:梨"味甘、微酸,寒,无毒。治热嗽止渴……润肺凉心,消痰降火……";橘子"甘者,润肺。酸者,止消渴……";石榴"味甘、酸,温、涩,无毒。甘者,治咽喉燥渴……"。

附录

附录 1：
十五夜

读法：じゅうごや
同义词：中秋明月、芋头明月

旧历的八月十五日叫作"十五夜""中秋明月"。"中秋明月"的意思是"秋天正中间出现的满月"，旧历中一～三月是春天，四～六月是夏天，七～九月是秋天，十～十二月是冬天，因此八月是秋天的正中间，八月十五日夜晚出现的满月，因此被称作"中秋明月"。

因为现在使用的新历会产生一个月左右的差异，所以把 9 月 7 日到 10 月 8 日之间的满月日称为十五夜、中秋明月。

十五夜也被称为芋头明月

十五夜，除了欣赏中秋明月以外，还有在即将开始的收获期之前，作为感谢收获的初穗祭的意义。因为供奉 9 月左右收获的"芋头"，所以也被称为"芋头明月"。

现在，一般伴随着像满月一样圆的月见团子和被认为有驱魔之力的芒草的"十五夜风格"。另外，有些地方还有这样的风俗，只在当天，可以擅自收他人田里的作物，也可以让孩子偷赏月供品。

象征着丰收的满月

使用旧历的时代（到 1872 年左右），根据月亮的圆缺知道大概的日期进行着农事。有一种说法,毫无欠缺的满月是丰收的象征。因此十五夜的满月之夜也是祈祷丰收的祭祀活动的重要节点。

另一方面,中秋赏月的风俗在中国从唐代开始为人所知,后来被引入平安时代的贵族之间,渐渐地传播到武士和町民之间。并且好像成了现在的"赏月风格"。

可以吃供品的日子

有的地方仍保留着昔日的十五夜活动。有名的是,长崎县五岛的一部分有"まんだか"(供奉结束后孩子马上就会拿走供品)的风俗,秋田县仙北郡有"单脚御免"(如果只是单脚踏入他人的地基就公认)的风俗。据说这是因为只有这一天会说"月亮带走的",所以很吉利。果然十五夜的主角是月亮啊。

(有改动)

(原文来源:日本文化いろは事典,

http://iroha-japan.net/iroha/A01_event/11_jugoya.html)

附录2：
了解美味的松饼

酷暑退去，凉风袭来，中秋节就要到了。从很久以前开始，韩国人就将农作物收获的时节阴历八月十五看作是和春节一样重要的节日。

中秋节当天，全家人聚在一起行茶礼，然后分享祭礼饮食。人们会分享用当年收获的新米做成的米饭与年糕，到了晚上，还会对着圆月许愿。

除了新米米饭、新米松饼、芋头汤以外，祭礼饮食还包括菠菜、绿豆芽、桔梗三色凉拌菜、各种煎饼、排骨等肉类与烤鱼等多样的美食。其中，松饼是韩国人中秋丰盛的餐桌上不可缺少的代表性美食。

祖先茶礼桌上的松饼是对一年丰收的感谢，同时也含有对驱逐家中厄运进行祈愿的意义。在制作松饼时，要把新收获的大米和谷物放在松叶上，然后加入馅儿后捏成松饼。

韩国各地的中秋饭桌各有特色，这一点在松饼的制作上也体现了出来。

在首尔，五色松饼最为常见。首尔松饼用五味子、栀子、艾草等天然材料进行染色，个头儿不大，可以一口而入。

在盛产土豆、橡子的江原道，用土豆淀粉制成的土豆松饼最为著名。制作江原道松饼时，先用江原道特产的土豆制成土豆淀粉面团，加入红豆或菜豆馅儿后捏成松饼。江陵地区的人们还会在年糕上留下鲜明的手印。

忠清道的南瓜松饼非常著名。将秋季刚收获的南瓜与新大米粉和在一起制成面团，在其中加入大枣或芝麻馅儿，然后捏成南瓜的模样。

在全罗道的灵光与高兴地区，人们喜欢制作添加苎麻叶的苎麻松饼。将煮好的苎麻叶与新米混合后和成面团，再加入大豆、红豆、栗子、大枣、芝麻等馅儿。用苎麻叶制成的松饼很有嚼劲，而且不容易变硬。

第七章　天下共秋：汉字文化圈国家中秋食俗与中医药文化

除此以外,全罗道的梅花松饼、庆尚道的葛藤松饼、济州岛的豌豆松饼等也都非常著名。味道与形状丰富多样的松饼可以满足人们的味觉与视觉。松饼与要趁热吃的普通年糕不同,要晾凉了才好吃。

（有改动）

（原文来源：Korea.net 记者　尹邵祯,韩国文化体育观光部,2013年9月17日,http://www.mcst.go.kr/chinese/koreaInfo/news/newsView.jsp? pSeq=1150）

附录3：
韩国传统节日——中秋（节选）

韩国重大节日之一的中秋节，是全家人团聚，祭祀祖先，一起享用美食的日子。2015年的中秋是阳历9月27日，因包含代替公休日，所以可以享受9月26日至9月29日共4天休假。中秋时很多韩国人会赶赴乡下老家与家族团圆，所以这时候更加能够感受到韩国多样的文化以及传统体验。下面就来让我们了解一下韩国的中秋吧！

中秋的涵义

中秋节和春节、端午一样，是韩国三大节日之一。韩语里中秋节还有另外一个说法叫做"한가위（Hangawi）"，是韩语里的"大"和8月的"正中"两个词的组合，即一年中最大的满月和阴历八月十五日的意思。

中秋风俗
祭祀

中秋节这天，一大早韩国人便在家里进行祭祀。一年中可有两次祭祀，春节和中秋。和春节不同的是，中秋节不用年糕汤而是用新米做成的饭，米酒和松糕来祭祀。祭祀结束之后，全家人一起分食祭祀的食物。

中秋节人们去祭拜祖坟叫作省墓，除去夏季茂盛的杂草叫作伐草。这是尽孝的表现和儿女们的责任。韩国的中秋节从一个月以前的每周的周末开始，就已经形成了交通拥挤的场景，因为大家通常都利用周末的时间提前到祖坟去伐草和省墓。

摔跤是大力士们在沙场上用力气和技术的较量来一决胜负的竞技运动，以一对一的擂台赛形式进行。最终获胜者被授予壮士的称号，并能得到大米，或者牛等奖品。

羌羌水越来是在满月，特别是正月十五和中秋节时，由身着美丽韩服的女子们围成圆圈，手拉着手，一起唱歌的游戏。关于这个游戏的起源有好几种说法，其中一个代表性的说法是从朝鲜时代敌人入侵的时候,女子们穿上军服,围绕山峰的一种战术而来的,当时在远处的敌军以为有大军埋伏而产生了错觉,使战斗得以获胜。

中秋节和春节一样,一家老小都会穿上新衣服。原来是制作传统服饰韩服来穿,近年来买一身新衣服,或者干脆省略的情况也很多。

中秋美食

松糕,中秋的传统饮食,是用熟米和面后,在里面放上花生、红豆、栗子、枣等材料后捏制而成的。一般在蒸松糕的时候都会加入松枝,带有松枝特有的香味也是松糕的一大特色。一般中秋节前一天,全家人会聚在一起做松糕。韩国很久以前就有松糕做得漂亮,以后就能遇到合适的配偶和生个漂亮的孩子的说法,所以一般大家都会尽量将松糕捏得漂亮些。

中秋节的另一个主角就是酒了。中秋节是分散在远方各地的亲人们团聚一堂并祭祀祖先的节日,这时使用的酒是用新米做成的。结束祭祀后家人们会团聚一堂,一起分享制作的食物,并把酒言欢。

(有改动)

(原文来源:韩国旅游发展局,2015年9月25日,http://chinese.visitkorea.or.kr/chs/ATR/SI_CHG_2_11.jsp? cid=2411082)

附录4：
秋夕

秋夕，是自古以来朝鲜人民的传统大庆节日。

秋夕是五谷丰登，百果累累的秋天之大节日（阴历八月十五日）。这一天晚上有赏月的风俗。

秋夕第一道礼仪是先拜访祖先茔地扫墓。朝鲜人民用新谷物做成酒、糕、煎饼、糖果等各种饮食到祖先茔地去祭奠，并把它视为应尽的道义和风俗。

秋夕傍晚，人们边欣赏圆月，边吟咏含有自己朴素愿望的诗歌。

这一节日景象充分反映着朝鲜人民富有情趣的生活和对富饶秋天的热烈憧憬。

（有改动）

（原文来源：朝鲜信息网，2013年09月18，
http://www.naenara.com.kp/ch/history/？culture＋23＋93）

第八章
汉字文化圈国家的重阳食俗与中医药文化

> 京师谓重阳为九月九。每届九月九日,则都人士提壶携榼,出郭登高。南则在天宁寺、陶然寺、龙爪槐等处,北则蓟门烟树、清净化城等处,远则西山八刹等处。赋诗饮酒,烤肉分糕,洵一时之快事也。
>
> ——富察敦崇《燕京岁时记》

汉字文化圈国家(主要指中国、日本、朝鲜半岛的朝鲜和韩国、越南)的民众历来有在季节更替之时驱毒、除疫、防病健身的习俗。农历九月后,季节逐渐开始由秋季过渡到冬季。历史上,汉字文化圈国家交流密切,源于中国的重阳节也传入了其他国家。节期在农历九月九日的重阳节也成为中国、日本和韩国的重要岁时节日。在重阳节中,民众登高游赏、饮食节令食物,庆祝岁时节日。在节令食俗中,不仅是享受时令美味,也具有一定的保健养生价值。本文在梳理重阳节的历史流变过程的基础上,总结各国的典型的重阳节食俗,进而从传统医药文化角度来解读重阳节食俗。这将不仅是对中国民俗学、文化学研究领域的拓新,也有利于促进中医药文化知识和中医药诊疗理念在日常生活中的普及与应用,更有助于促进汉字文化圈国家之间的人文交流和民心相通。

第一节　汉字文化圈国家重阳节的流变

历史上,汉字文化圈国家文化交流密切,重阳节也从中国传入日本和朝鲜半岛。重阳节在汉字文化圈国家传播发展过程中,大致都经历了从宫廷到民间的过程。在传播过程中,重阳节与各国地域文化相融合,形成了同源易流的重阳节文化体系。

(一) 中国的重阳节

中国重阳节的节期在农历九月九日。古人认为奇数为阳,九则为极阳之数,重阳节节期中含有两个九,故曰重阳。从节期来看,农历九月九日是重数节日序列的最后一环,其他分别是一月一日、三月三日、五月五日、七月七日。追溯重阳节的历史,至晚到汉代,宫廷内已经开始庆祝重阳节。《西京杂记》载:"九月九日佩茱萸,食蓬饵,饮菊花酒,云令人长寿。"从文献记载来看,当时宫廷内已流行在重阳节佩戴茱萸、食用蓬饵和饮菊花酒,这些习俗具有让人长寿的功效。至魏晋时期,重阳节已在民间广为流行。《荆楚岁时记》载:"九月九日,四民并籍野饮宴。"《与钟繇九日送菊书》载:"岁往月来,忽复九月九日……以为宜于长久,故以享宴高会。"由此可见,民间和官方当时的重阳登高宴饮之风非常兴盛。至唐宋时期,重阳节在中国节日体系中的地位得到极大提升。至唐德宗时,重阳节、中和节和上巳被官方确定为"三令节"。北宋时,都城东京(今开封)盛行赏菊之风;南宋时宫廷内还会设置赏灯宴会。至元明清三朝,依然重视重阳节,元代和明代均有重阳祭祀三皇的习俗。明朝时,宫廷内会制作重阳糕和举办迎寒宴。近现代以来,重阳节被冷落,直至1989年时,我国将农历九月九日确定为中国老人节,自此重阳节开始强调尊老敬老的文化主题。2006年,重阳节被列入第一批非物质文化遗产名录。2012年,《中华人民共和国老年人权益保障法》中更是将农历九月九日确定为老人节。

(二)日本的重阳节

同处汉字文化圈的日本也有在农历九月九日庆贺重阳节的习俗。至晚在飞鸟时代晚期,日本已经开始在农历九月九日举行庆祝活动。《日本书纪》载:天武天皇14年(公元684年)的"九月甲辰朔壬子,天皇宴于旧宫安殿之庭。是日,皇太子以下至于忍壁皇子,赐布各有差"。巧合的是,天武天皇在次年的九月九日驾崩。文武天皇在大宝二年(公元702年)下达敕令,将九月九日被确定为先帝忌日,不允许举办各类活动。《续日本记》载"九月九日,十二月三日,先帝忌日也。诸司当是日,宜为废务焉"。至孝谦天皇时,再次命令不准许公私庆祝重阳节。《政事要略》载"自今以后,率土公私,一准重阳,永停此节"。从上述来看,文武天皇时期称为"九月九日",孝谦天皇时期称为"重阳"。对比二者的称谓变化,说明重阳节名称至晚在孝谦天皇时期已经在日本被使用。再对比二条禁令的限制庆贺九月九日的范围,文武天皇敕令要求"诸司当是日,宜为废务焉",主要是规范官方行为;孝谦天皇敕令中要求"率土公私……永停此节",要求公私双方都遵守。由此可推测,孝谦天皇在位及之前,中国重阳节曾在日本官方和民间均流行过。就九月九日的文化内涵而言,文武天皇时期仅强调是天皇忌日,至孝谦天皇时则已经将重阳与孝文化联系在一起。至平安时代,重阳节已经成为当时宫廷的重要节日。从《三代实录》的记载来看,"重阳节""重阳之节""重阳宴""重阳之宴"的表述非常多。自清和天皇的贞观元年(公元859年)至光孝天皇的仁和二年(公元886年),重阳节的庆贺活动在宫廷内时停时兴。宫廷内庆贺重阳节,主要是天皇赐菊酒、赐禄、赐绵等,贵族和文人饮酒赋诗。《三代实录》载:"九日庚辰,重阳节,天皇不御前殿,于殿庭,赐菊花酒。亲王以下、侍从以上及文人,酺饮赋诗,敕赐题云:'菊暖花未开'。日暮,赐禄各有差。"至江户时代时,传承近千年的重阳节成为一年中的重要节日。此时,重阳节与元日、雏祭(三月三)、端午、七夕,并称"五节句"。

(三)朝鲜半岛的重阳节

朝鲜半岛与中国接壤,历史上存在着密切的经济文化交流。朝鲜半岛的重阳节也是在古代时从中国传入。在朝鲜半岛,重阳节被称为"重九""重阳"。迟至高丽时代,重阳已成为受官方重视的八大俗节之一。《高丽史》载,"重阳九月九日,冬至一日……";"景灵殿,正朝、端午、秋夕、重九、亲奠仪,其日四更末……庭次承宣入庭、肃拜讫";"禁刑:……俗节(元正、上元、寒食、上巳、端午、重九、冬至、八关、秋夕)……";"九月……壬戌,以重阳节赐宴宋及耽罗、黑水诸国人于邸馆";"九月乙巳,设重阳宴,王赋诗令从臣和进"。从上述记载来看,重阳在当时已经成为重要节日,官方采取放假、赐宴、赋诗、盛大祭祀仪式、禁止刑罚等形式来庆贺。至朝鲜时代时,重阳节没有进入当时的四大名节之列,但是其重要性仍不容忽视。《东国岁时记》载:"都俗登南北山饮食以为乐,盖承登高之古俗也。枫溪后凋堂、南北汉道峰、水落山,有赏枫之胜。"《洌阳岁时记》载:"枫菊时,士女游赏略似花柳,而士大夫好古者,多以重阳日登高赋诗。"从上述记录来看,当时的士庶民众有登高赋诗、游乐宴饮、欣赏枫叶和菊花等习俗。目前,位于朝鲜半岛的韩国,其民间依然保留有重阳节的重阳茶礼、制作菊花酒、菊花煎、登高等习俗。

第二节 汉字文化圈国家重阳节典型食俗概述

食俗是节日习俗中的重要组成部分。起源于中国的重阳节在汉字文化圈国家的传承与传播过程中，在中国、日本、韩国等国家中分别形成了各具特色的典型食俗。

（一）中国的重阳节食俗：菊花酒、茱萸酒、重阳糕

中国重阳节的典型食俗以饮花菊酒、茱萸酒和食重阳糕为主。这些典型食俗均有着悠久的历史。

中国民众在重阳节饮菊花酒和茱萸酒的习俗历史悠久。重阳节饮菊酒的习俗，最迟在汉代时已经出现。《西京杂记》载："九月九日佩茱萸，食蓬饵，饮菊花酒，云令人长寿。"当时的首都长安民众相信饮菊花酒具有让人长寿的功效。《西京杂记》还记载了菊花酒的制作方式，即采取盛放菊花的茎叶，掺入黍米中酿造至次年九月九日就可制成。重阳节饮茱萸酒大约开始于唐代。《千金月令》载，"必采茱萸、甘菊以泛之"。宋代的《梦粱录》载，"今世人以菊花、茱萸浮于酒饮之，盖茱萸名'辟邪翁'，菊花为'延寿客'，故假此两物服之，以消阳九之厄"。可见，当时的茱萸酒和菊花酒并非酿制，而是将茱萸和菊花放入饮用的酒中。在时人看来，饮茱萸具有辟邪驱厄的功效，饮菊花酒有延年益寿的功效。

食用重阳糕是重阳节的重要习俗。汉代时，已有食蓬饵的习俗，蓬饵即是用黍米制作的糕饼类食物。唐代时，民众在重阳节食用麻葛糕、菊花糕、米锦糕。宋代时，都城东京的民众会在重阳节前一两天开始用粉面蒸糕互相馈赠。当时，重阳糕上要放上石榴籽、栗子、银杏果、松子等果实并插上小旗子，再用面粉做狮子放在糕上，称为"狮蛮"。《岁时广记》还记载有面糕、黄米糕、花糕等类型，制作重阳糕时大多加入枣、栗子或肉。明清时期，重阳节食用重阳糕仍然是主要的习俗，各地区有着各自特色的重阳糕。以华东地区为例，松江府蒸菊糕、济南府作菊糕、扬州府以糖肉黍面杂糅而成、通州喜食插彩旗的糖糕、淮安喜欢在糕上放面羊和旗子、杭州喜食用黄柏和米水煮炊而成的九层糕、嘉兴以

栗糕标旗祭灶而食用米糕。虽然都属于重阳糕,但是又有着各自习惯的称呼和食材。

除了上面常见的习俗之外,在全国各地还有各具特色的重阳节的习俗。如陕北重阳节的习俗,人们会在重阳节晚上享用荞面熬羊肉,山东重阳节的习俗人们要吃酸萝卜汤。

(二)日本的重阳节食俗

在日本,重阳节也被称为"栗の节句"或"菊の节句"。因此,在日本重阳节食俗中离不开栗子和菊花,最为典型的就是栗子饭和菊花酒。在不同地区,对重阳节的称谓和食俗也不一样。

在日本的东北部,秋田县在九月有庆祝三次的习俗,九月九日被视为初节供,十九日为中节供,二十九日为收割节供。初节供时,秋田县民众会在前一日捣年糕、制菊酒,将年糕和菊酒一起供神。"初節供の前日に餅を搗き、菊の花を酒に入れ、ともに神に供える。"福岛县称为菊的节供,在当天使用菊花和杨桐树贡神,饮菊酒或制作醋拌菊花。"九月九日を菊の節供と呼んで、菊の花と榊を神棚へ供える。菊の花の酢の物や菊酒を飲む。"山形县称为"重阳の节供"或"继母の节供",民众吃菊花、茄子等。在日本的南中部地区,静冈县将重阳节称为"重阳の節供",民众会喝菊酒、做药丸来驱除邪气;位于静冈县西部的滨名郡称重阳为栗饼节供,在九月九日会制作栗子饼。爱知县将九月九日称为"重阳の節供",九月十日称为"栗节供""芋节供""地藏节供""葛の节供"。其中春日井市会在九月九日吃栗子饭。

(三)朝鲜半岛的重阳节食俗

在朝鲜半岛,重阳节的典型食俗包括菊花糕(煎)、菊花酒、花菜。民众在欣赏菊花和枫叶的过程时,食用菊花糕、饮菊花酒。菊花糕(煎)是采用金黄色的甘菊和糯米制成的花煎,制作方法与三月初三制作的金达莱花花煎的做法一样。菊花酒是重阳的节气酒,制作方法分为几种:在酿制好的酒中放入干菊花;在酿制过程中放入菊花、松叶、枸杞子、熟地黄、地骨皮等。这类菊花酒"具备减压清脑、清血解毒以及扩张末梢血管的功效,自古以长寿酒著称"。① 花菜是用菊花、各类水果、五味子等放入糖水或蜂蜜水中制成的饮料。《东国岁时记》中记载,当时的花菜是由梨、石榴、柚子、松子、蜂蜜水制成的饮料。菊花煎和花菜除了食用外,也用于供奉。除了上述食俗外,位于朝鲜半岛的韩国民众还有举行"重九茶礼"(又称为重九茶祀)的习俗,是一种向祖神进行新谷丰收荐新的活动。重九茶礼中,会使用柚子、橘子等水果。

第三节 医药文化视阈下的重阳节食俗分析

历史上,汉字文化圈国家形成了众多各自独具特色的重阳节食俗。重阳节食俗不仅仅是好吃,还具有丰富的文化内涵。从中医药文化的视角来审视重阳节食俗,将发现重阳节食俗背后的养生理念和养生价值。

(一)重阳节食俗的养生主题

重阳节是秋季节日之一,处于秋末冬初之际,内燥外凉,容易引发支气管炎、支气管哮喘等疾病。《素问·四气调神大论》载:"秋三月,此为容平,天气以急,地气以明……收敛神气,使秋气平;无外其志,使肺气清,此秋气之应,养收之道也。逆之则伤肺……","肺主秋……肺苦气上逆,急食苦以泄之……肺欲收,急食酸以收之,用酸补之,辛泄之"。肺主气,与呼吸密切相关,一般来说,秋季养生应以滋阴润肺,温补脾胃

---

① 李官浩主编:《韩国岁时风俗词典》,梨花女子大学翻译,韩国国立民俗博物馆,2016,第70页。

为主。

(二) 中日韩重阳食菊习俗的养生价值

重阳节时,中国、日本、韩国的民众食用菊花糕和饮用菊花酒等节令食物。在这些节日饮食中,菊花是主要的食材之一。在中韩两国的古代传统医学典籍中,对菊花有着性味与功效有着类似的认知。《本草纲目》载:菊花"[气味]苦,平,无毒……[主治]诸风头眩肿痛,目欲脱,泪出,皮肤死肌,恶风湿痹。久服利血气,轻身耐老延年……除胸中烦热,安肠胃,利五脉,调四肢……"《东医宝鉴》载:甘菊花"性平,味甘,无毒。安肠胃,利五脉,调四肢,主风眩头痛,养目血,止泪出,清利头目,疗风湿痹",菊花酒"延年益寿,治风眩"。① 从上述记载来看,菊花性平,有清肝明目、安肠胃、耐老延年的功效。从肺与肾的关系来看,肺主气,脾益气,脾生化的水谷之气要输送给肺,从而能够遍布全身。栗子的益气和厚肠胃功效,将有助于脾功能的发挥,进而影响到肺。现代医药学研究也表明,菊花具有清肝明目、解毒、降血压、抑制多种病菌等功效。

(三) 中日重阳食栗习俗的养生价值

至重阳节时,中国和日本民众有食用栗子的习俗,如:中国部分地区的重阳糕会加入栗子、日本重阳时食用栗子饭。在中医典籍中,栗子也具有一定的养生功效。《本草纲目》载:栗"[气味]咸,温,无毒。益气,厚肠胃,补肾气,令人耐饥"。栗子具有益气、厚肠胃、补肾气等的功效。肺主气,脾益气,脾生化的水谷之气要输送给肺,从而能够遍布全身。栗子的益气和厚肠胃功效,将有助于脾功能的发挥,进而影响到肺。按照中医对肺与肾关系的理解来看,肾和肺是相互资生的关系,

---

① 许浚编著:《东医宝鉴》,山西科技出版社,2014,第779、822页。

"肺为气之主,肾为气之根","肺为水之上源,肾为主水之脏"①。《医医偶录》亦载:"肺气之衰旺,全恃肾水充足。"因此说,栗子能补肾气,这也是有助于肺功能的正常发挥的。

---

① 翟华强、王燕平主编:《中医药学概论》,中国中医药出版社,2013,第75页。

附录

附录1：
日本香川县华人参加重阳茶会
赏菊品茶加深交流

在日本平安时代初期，重阳节作为贵族的宫廷活动被引入日本。那时，贵族们欣赏着刚从中国传来的名贵菊花，设宴咏歌，用菊花进行被除不详和祝愿长寿的祈福仪式。在江户时代，重阳节被定为日本的五大传统佳节之一，是借菊花祈祷长寿之日。近日，在日本香川县华人参加了当地团体举办的重阳茶会活动，与香川县民及外国人参加者共同赏菊饮茶，愉快交流。

据日本四国新闻社消息，10月4日，配合重阳节的茶会活动在日本香川县高松市举行。在香川县居住的外国人和香川县民约300人通过欣赏菊花和品茶，展开交流。

为使在日外国人了解日本的传统文化和活动，促进国际交流，香川县国际交流协会和高松市国际交流协会首次举办此次茶会活动。

重阳节为日本五大传统节日之一，旧历为9月9日，新历今年为10月2日。参加者在听完相关人员关于重阳节日的介绍之后，一边观赏装饰会场的白色、黄色的菊花，一边品茶。来自中国、新西兰等多个国家的外国人也通过倾听琴和箫等乐器演奏,加深了对日本文化的理解。

(有改动)

(原文来源:郭桂玲,日本新华侨报网,2014年10月08日,http://www.jnocnews.jp/news/show.aspx? id=77214)

附录2：
登高望远话重阳（民俗）

农历九月，是一年之中最美的一个月，也是丰收的月份。金秋送爽，这在视觉和触觉上，给了九月完美的体验。金色背后是一年丰收的喜悦，而清爽宜人的天气则赋予游人更多的好心情。秋色宜人，友人们登高望远。

九九话重阳。重阳节，又称重九节、晒秋节、"踏秋"，中国传统节日，至今已经有2000多年历史。每年的农历九月初九日，与除夕、清明节、中元节三节统称中国传统四大祭祖的节日。

乡音乡愁 一个从古诗里流传至今的节日

《易经》中把"六"定为阴数，把"九"定为阳数，九月九日，日月并阳，两九相重，故曰重阳，也叫重九。重阳节常被历代文人墨客吟咏。古有重阳登高望远、赏菊吟秋的风习。在历代诗文中，重阳节与菊花结下了不解之缘。而身逢乱世的诗人，往往借写菊花表达厌战、反战之情，此时，菊花是作为战争的对立面出现的。

笔者最早认识到这个节日，也是从一首首古诗词开始。

这里有王维的乡愁，《九月九日忆山东兄弟》——"独在异乡为异客，每逢佳节倍思亲。遥知兄弟登高处，遍插茱萸少一人。"

也有李清照的亲情，《醉花荫》——"薄雾浓云愁永昼，瑞脑消金兽。佳节又重阳，玉枕纱橱，半夜凉初透。东篱把酒黄昏后，有暗香盈袖。莫道不销魂，帘卷西风，人比黄花瘦！"

这里有李白的怀才不遇，《九月十日即事》——"昨日登高罢，今朝再举觞。菊花何太苦，遭此两重阳。"

也有王勃的坎坷一生，《蜀中九日》——"九月九日望乡台，他席他乡送客杯。人情已厌南中苦，鸿雁那从北地来。"

这里还有一代伟人毛泽东为理想而奋斗的英雄气概，《采桑子·重阳》——"人生易老天难老,岁岁重阳,今又重阳,战地黄花分外香。一年一度秋风劲,不似春光,胜似春光,寥廓江天万里霜。"

这一首首的诗词,也在向今天的人们讲述一个个的重阳故事。

重阳美食　一个离不开饮食的节日

古往今来,中国人以坚韧著称,擅长化悲为乐,凡事都要和吃扯上边。比如说,明朝时候,杭州人把清明节过成了郊游节,妆饰一新,出门踏青,扫完墓就地野餐乐饮。重阳节亦如此。按《易经》说,九为阳数,九月九日,重九之数,是阳气极盛时。三月三踏春,九月九踏秋,秋收时祭天祭祖,佩茱萸饮菊花酒求寿。诗人曹丕认为重阳节要"享宴高会"——"九为阳数,而日月并应,俗嘉其名,以为宜于长久,故以享宴高会。"

中国人最重饮食,正经重阳节传统食物,就是重阳糕。最初是隋唐之际,重阳节还带祭祀秋天的任务,黍秫收获,于是用黏米来做糕,大家边吃边感谢上苍;富贵人家用枣子和栗子混合做,图个香甜。北宋末年,重阳糕已经成了规模:蒸得了糕,还要加石榴子、栗子黄、银杏、松子肉,上面插剪彩小旗,为了图漂亮;偶尔还会加猪羊肉和鸭子。明朝时还有种玩法,是拿重阳糕搁儿女额头,祝愿:"愿儿百事皆糕(高)。"取谐音,图个吉利。历来重阳糕配方不一,但高热量、高糖分是必需的:无非为了大秋天,补一补气罢了。

菊花酒。中国人自来喜欢吃花喝花,不独菊花一味。屈原"夕餐秋菊之落英",是直接吃的。曹丕趁重阳节,给钟繇送菊花,认为那天一切植物都萎靡,只有菊花"纷然独荣",若非"含乾坤之纯和,体芬芳之淑气",怎会如此?菊花用来泡茶就很香了,泡酒更妙。而诗人孟浩然"待到重阳日,还来就菊花"则是中国人过节走亲访友最好的诠释。

重阳赏秋　一个现代人的乡村旅行时尚

重阳是个丰收的日子。

从前的农村人实在,在这天赐的好时节,为了报答上天,"晒秋"便成了朴实的农村人对老天爷表达感恩之情的举动。成熟的果蔬悬挂在房前屋后及自家窗台屋顶晾晒,形成一道道丰收的喜庆画面,映衬着村民们一张张喜庆欢笑的脸。

"晒秋"是一种典型的农俗现象,具有极强的地域特色。在湖南、广西、安徽、江西等地,生活在山区的村民,由于地势复杂,村庄平地极少,只好利用房前屋后及自家窗台屋顶架晒、挂晒农作物,久而久之就演变成一种传统农俗现象。

如今,中国南方有些山区村落仍保留"晒秋"特色。去乡村赏民俗、看"晒秋",已成为乡村旅游的一种时尚。这种村民晾晒农作物的特殊生活方式和场景,逐步成了画家、摄影家创作的素材,并塑造出诗意般的"晒秋"称呼。在江西婺源的篁岭古村,"晒秋"已经成了农家喜庆丰收的"盛典"。随着果蔬的成熟,篁岭每年九月初九也开始进入"晒秋"旺季,并举办隆重的"晒秋节"。篁岭"晒秋"被文化部评为"最美中国符号"之后,更演变成乡村旅游的"图腾"和名片,每年吸引数十万人去婺源赏秋拍摄。

另外,1988年,农历九月初九被定为老年节,倡导全社会树立尊老、敬老、爱老、助老的风气。2006年5月20日,重阳节被国务院列入首批国家级非物质文化遗产名录。

(有改动)

(原文来源:人民日报海外版,2016年10月08日,http://news.cri.cn/uc—eco/20161008/560c4b1b—91e1—74d9—2905—4a536540acf7.html)

附录3：
重阳节历史悠久　国外敬老也过节

金秋十月，刚送走国庆节，国人近日又迎来了重阳节。自唐朝起，农历九月初九就被定为我国民间传统节日，人们习惯在这一天出游赏菊，登高远望。

1989年重阳节被正式定为老人节，倡导全社会树立尊老、敬老、爱老、助老的风气。今年，已经是我国第28个重阳佳节。

重阳佳节起源早

重阳节又称重九节、晒秋节，源头最早可追溯到先秦之前。据《吕氏春秋》记载，先秦时期的王公贵族已有在九月祭飨天帝、祭祖，以谢天帝、祖先恩德的活动。汉代《西京杂记》中曾记载："九月九日佩茱萸，食蓬饵，饮菊花酒，云令人长寿。"相传重阳节的基础便是此时建立。

唐朝时，重阳节被正式定为节日，重阳节从贵族走向了平民，并开始在民间出现各种庆祝活动，此外，唐朝还将农历九月十日定为"小重阳"，大诗人李白曾留下相关诗篇。

此后各朝对待重阳节的庆祝各具特色：宋朝时期人们很少佩戴茱萸，更多的是赏菊；明朝重阳节流行吃用米粉、桂花等制作的花糕，明朝皇帝还要亲自到万岁山登高览胜；清朝登高变得更加普遍。

20世纪80年代起，我国一些地方开始将重阳节定为老人节，倡导尊老、敬老的风气。1989年，我国政府将农历九月初九定为"老人节"。到了2012年12月28日，中国全国人大常委会表决通过新修改的《中华人民共和国老年人权益保障法》明确规定，每年农历九月初九为老年节。

看国外怎样过"老人节"

日本、韩国深受中国文化的影响，重阳节在其传统节日中也占有十分重要的地位。

日本的重阳节于平安时代由中国传入，平安朝的王公贵族每逢农历九月初九便在宫中举办赏菊宴。日本人还会在重阳节前一天晚上将棉布放在菊花上，待重阳节被露水打湿后来擦拭身体，以此祈求长寿。此外由于正值栗子收获的季节，民间还会吃栗子饭。

韩国古代将重阳称为重九，从新罗时代就有在这一天登楼吟诗的习俗。到了高丽朝，九月初九的宴会甚至成为带有国家性质的习俗，满朝大臣会在这一天一起庆祝。除了花糕、菊花酒以外，韩国人还会吃具有民族特色的"菊花煎"和"栗子糕"。与中国不同的是，由于首尔地区枫叶很多，韩国人习惯在这一天登高赏枫，在韩语中称作"消枫"。

（有改动）

（原文来源：中国网，2016 年 10 月 10 日，http://www.chinaqw.com/m/hqly/2016/10-10/107000.html）

第九章
四海亚岁：汉字文化圈国家的冬至食俗与中医药文化

> 冬至郊天令节，百官呈递贺表。民间不为节，惟食馄饨而已。与夏至之食面同。故京师谚曰："冬至馄饨，夏至面。"按《汉书》：冬至阳气起，君道长，故贺。夏至阴气起，故不贺。又《演繁露》：世言馄饨是塞外浑氏屯氏为之。言殊穿凿。夫馄饨之形有如鸡卵，颇似天地浑沌之象，故于冬至日食之。
>
> ——富察敦崇《燕京岁时记》

冬至是二十四节气之一，这一天太阳几乎直射南回归线，北半球的白昼最短，于是有"吃了冬至饭，一天长一线"的说法。周朝时，冬至有"天子率三公九卿迎岁"的礼俗。在这一天，天子要在城外荒郊处边乐舞表演，边进行拜天大礼，以祈求上天的恩赐和保佑。到汉代时冬至被列为"冬节"，这一天民间百姓也有贺冬的习俗。在明清时期，宫廷王府及民间冬至日更盛行祭天、祭神、祭祖之俗，以求皇天的庇护，国泰民安。冬至有吃饺子馄饨的习俗，饺子与馄饨是由带馅的"汤饼"逐渐演变而来的，"冬至不端饺子碗，冻掉耳朵没人管"的俗语也广为流传。冬至后便进入了"数九天气"，冬至的一些习俗也与此有关，比如老北京"九九火锅""九九酒肉"等九九消寒的饮食习俗，百姓家墙上也会贴画有81朵梅花的九九消寒图。

第一节　汉字文化圈国家冬至的流变

历史上,由于比邻相守的地理位置和中国文化的强大辐射力,中日韩三国在哲学思想、医药文化、时间文化、文字器物等多方面保持着互通互鉴,从而被囊括在儒文化圈、汉字文化圈之中。在岁时节日方面,元旦(指阴历初一)、端午、中秋、冬至等节日被中国、日本、韩国三国所共同享有、共同实践,形成了"同源异流"的节日文化体系。冬至在中日韩三国的二十四节气和岁时节日中有着久远的发展历史。

(一) 中国的冬至

冬至既是二十四节气之一,也是中国人所重视的岁时节日之一。在中国,庆贺冬至具有悠久的历史。周秦时代,中国已经开始有举行冬至祭祀的礼仪。《周礼》载:"以冬至日致天神人鬼,以夏至日致地示物魅。"魏晋以降,冬至成为仅次于年节的重要节日。《晋书》载:"魏晋冬至日受万国及百僚称贺……其仪亚于正旦。"宋代开封地区更是将冬至节的重要性与年节相类比。《东京梦华录》载:"十一月冬至。京师最重此节,虽至贫者……备办饮食,享祀先祖。官放关扑,庆贺往来,一如年节。"明清时期,冬至节在苏州仍被视为重要节日。《清嘉录》载:"郡人最重冬至节……诸凡仪文,加于常节,故有'冬至大如年'之谚。"在现代社会,尽管冬至节在中国节日体系中的重要性减弱了,但是冬至节的习俗(尤其是食俗)依然盛行。

(二) 日本的冬至

日本庆贺冬至的习俗源自中国。通常认为,日本对冬至的庆贺历史可追溯到公元8世纪初。此时,冬至庆贺活动主要流行于上层贵族阶

第九章　四海亚岁：汉字文化圈国家的冬至食俗与中医药文化

层。日本皇室贵族开始举行向天皇至贺词、献珍玩、终日宴饮、赏赐贵族大臣等活动。《续日本记》载：神龟二年十一月己丑"（圣武天皇）御大安殿,受冬至贺辞,亲王及侍臣等奉持翫珍贽进之……宴饮终日,急乐乃罢,赐禄各有差"。然而,冬至受日本贵族推崇的时间并不长,仅仅持续了约一个世纪。公元9世纪以后,日本官方的年中行事书籍中鲜有冬至的相关记载,冬至对于日本贵族的影响逐渐衰微。与在日本朝廷中的发展历程不同,冬至在日本民间的庆贺一直持续至今。从影响范围来讲,日本民间庆贺冬至习俗具有广泛性,日本的东北地区、关东地区、近畿地区、九州地区、南中部地区、四国地区均有民众庆贺冬至。关于这些地区日本民众庆贺冬至的记载散见于日本明玄书房出版的专门介绍日本各地区年中行事的系列岁时习俗丛书中。

（三）韩国的冬至

韩国冬至节来源于中国,韩语称为"동지"。历史上,韩国冬至亦有"亚岁"的别称,它在韩国的传统岁时节日体系中和民众文化时间生活中占据非常重要地位。在高丽时代,冬至与元正、上元、上巳、寒食、端午、重九、八关（又称八关会、八关斋会,节期在阴历十一月十五）并称高丽"九大俗节"。在朝鲜时代,冬至依然是韩国重要的节日,被称为亚岁。《东国岁时记》和《洌阳岁时记》中均有冬至习俗的记载。至今,冬至仍为韩国民众所庆贺。冬至本是依据阳历而确定,一般在阳历的12月22日或23日,而韩国民众却将冬至与传统历法相结合。与中国和日本的冬至不同,韩国将传统历法的十一月称为冬至月,根据冬至在冬至月出现的不同时间,对冬至有着不同的称呼。对于出现在冬至月上、中、下旬的冬至分别称为"儿冬至（或小冬至）"、"中冬至"和"老冬至"。

第二节 汉字文化圈国家的冬至食俗

在传统岁时节日里,食物往往具有家庭食用、馈赠亲友、供神祀先等多种功能,从而构成了丰富多彩的节日食物体系。在这个节日食物体系中,部分食物可被视为节日的代表性食俗,如春节的年糕与饺子、端午节的粽子、中秋节的月饼等,这些食物常常负载着独特的文化意义。具体到冬至来说,它在中国、日本、韩国均有着悠久的发展史,逐渐形成了诸多传承至今的典型食俗。

(一) 中国冬至的代表性食物:赤豆粥、冬至团、饺子和羊肉

在冬至节的发展过程中,全国各地逐渐形成并维系着一系列的饮食习俗,部分食俗甚至可被视为代表性食俗。南方地区流行食用赤豆粥(或红豆糯米饭)、冬至团(冬至圆、米圆、米丸、米糍)等食俗。早在魏晋时期,古代荆楚地区已经产生冬至吃赤豆粥禳疫的习俗。《荆楚岁时记》载:"冬至日……作赤豆粥以禳疫。"民众食用赤豆粥的目的在于祈祷免于遭遇疫病,他们相信赤豆粥能够驱避害怕红色的疫鬼。目前,我国江南地区还流行着冬至吃赤豆糯米饭的习俗。

食用馄饨或饺子也是我国冬至的典型食俗。馄饨或饺子有祀先、食用的双重功能。如《绍兴府志》载"祀先以馄饨,亦或宴饮"。冬至食用饺子或馄饨的谚语和传说在我国广为流传。至今,北方地区广为流传着"冬至饺子(馄饨)夏至面"的谚语;河南南阳地区还流传着冬至吃饺子不会冻掉耳朵的传说,相传与医圣张仲景在冬至为民众施舍"驱寒娇耳汤"治愈冻烂的耳朵有关。冬至食饺子或馄饨还由于其形状象征"天地混沌之象"。《燕京岁时记》:"夫馄饨之形有如鸡卵,颇似天地混沌之象,故于冬至日食之。"除了食饺子不冻耳朵、象征"天地混沌之象

外",还因其有"阳生之义"。《酌中志》载:"冬至节……此月糟腌猪蹄尾、鹅肫掌。吃炙羊肉、羊肉包、扁食馄饨,以为阳生之义。"

除了赤豆粥、饺子(或馄饨)外,冬至团、冬至圆、团圆、米丸等丸粒状食物也是具有代表性的冬至食俗。这些食物多以糯米为主要食材而制成。以福建地区为例,福建海澄地区在明代时流行冬至食团圆的习俗。团圆具有祀神、食用、"饲耗"等多重功能。《海澄县志》载:"冬至,人家作团圆祀祖先及神,阖家长幼团乐食之,谓之添岁。门扉物具各饲粒于上,谓之饲耗。"福建惠安地区认为米丸有"补阳"的功效。福建《惠安县志》:"十一月冬至,阳气始萌,食米丸,仍粘丸于门。凡阳象圆,阴象方……冬至阳始生,则为米丸以象阳。丸,圆也。各以其类象之。"除此之外,食用羊肉也是中国广为流传的食俗之一。如台湾苗栗喜欢在冬至日将羊肉、枣、药材等共同炖食;湖南兴宁地区的民众喜欢在冬至食用羊肉;山东滕州则流行冬至(俗呼"伏九")喝羊汤;宁夏银川要食用羊肉粉汤饺;山西佳县有冬至吃羊头的习俗。中国人素有"补冬"的习俗,部分地区认为冬至食羊肉具有壮体温的功效。《江津县志》:在冬至日"邑俗多市牛羊肉煮而食之,谓可以壮体温"。[①]

(二)日本冬至的代表性食物:南瓜、红豆粥和蒟蒻

食俗是日本冬至习俗中的重要组成部分。其中,食南瓜、泡柚澡、吃小豆粥是日本民众庆祝冬至的重要习俗。这些习俗在日本广泛流行。就其地域分布来看,四国地区的德岛县、香川县、爱媛县、高知县;东北地区的宫城县、秋田县、山形县、福岛县;近畿地区的京都府、兵库县、奈良县、和歌山县;九州地区的福冈县、大分县;关东地区的栃木县、茨城县、埼玉县、东京都、神奈川县;南中部地区的静冈县、岐阜县均盛行上述习俗。食南瓜是日本民众必不可少的冬至食俗。南瓜并非日本

---

① 丁世良、赵放主编:《中国地方志民俗资料汇编 第4册》,国家图书馆出版社,2014,第237页。

的本土作物,而是一种舶来物种。据日本学者考证,南瓜大约是在"天文10年(1541年)由葡萄牙船从柬埔寨传入日本的丰厚或长崎,取名倭瓜"。从南瓜传入日本的时间来看,日本冬至食南瓜的习俗应不早于16世纪中叶。在日本的不同地区,对于南瓜有不同的地方性称呼,如关东地区的东京都、埼玉县称南瓜为"唐茄子"。冬至食用南瓜时,有的地方是单独食用南瓜,也有地方将南瓜放入赤豆粥中使用。日本民众认为食用南瓜能够避免中风。

日本民众在冬至还有食红豆粥、蒟蒻(即魔芋)的食俗。黄遵宪所著《日本国志》中记载"十一月谓之霜月,冬至之日,医家作赤豆粥为神农会"。此时,日本都城食物医生会在冬至日制作赤豆粥。普通民众也有在冬至食用小豆粥(或称赤豆粥、红豆粥)的习俗,并广泛流行于日本的全国各地。关于食用小豆粥的习俗,在《东北の岁时习俗》《关北の岁时习俗》《近畿の岁时习俗》《九州の岁时习俗》《南中部の岁时习俗》《四国の岁时习俗》等书籍中均有较多记载。除此之外,食蒟蒻也是部分地区的重要冬至食俗。如日本茨城县的多在冬至日食用蒟蒻。

(三) 韩国冬至的代表性食物:红豆粥

韩国的冬至食俗相对较为统一,典型食俗是食用红豆粥。在韩国,冬至食豆粥(或红豆粥)的习俗具有悠久的发展历史和多元的文化功能。早在高丽时代,韩国就盛行冬至食用豆粥的习俗。民众在烹煮红豆粥时,还要加入盐和崖蜜来调味,常用翠绿色的瓷器来盛放。高丽末期文人的诗词中常常有描写冬至食豆粥的词句,《牧隐稿·诗稿》《稼亭集》《耕谷诗稿》等文集中就多有记录,如"豆粥如酥翠钵深""扣门送粥自南邻""最忆吾家弟与兄,齐奴豆粥咄嗟烹"。上述诗词体现出冬至红豆粥具有自家食用、馈赠亲友等功能,冬至食豆粥甚至还发挥着回忆兄弟之情的功能。通常认为,食用红豆粥的主要功能在于"驱邪禳疫"。但是,对韩国民众而言,冬至不吃红豆粥还可能面临容易衰老、易患疾

第九章 四海亚岁：汉字文化圈国家的冬至食俗与中医药文化

病、长疗疮等多种危险。高丽时期的文人还认识到红豆粥在调和气血方面的医药价值。如李穑《冬至豆粥》言："豆粥澡五内，血气调以平。"逮至朝鲜时代，岁时记著作中也有关于冬至食用红豆粥习俗的记载。《东国岁时记》就记载了红豆粥的制作方法、用途和功能。据该书记载，民众在冬至食用的红豆粥中要放入糯米粉制作的鸟卵状丸子并加入蜂蜜，红豆粥是冬至时食，也是祭祀的供品；豆汁要淋在门板上以解除厄运。《洌阳岁时记》中明确提到韩国食赤豆粥消除厄运的习俗源自中国。李朝中期的文人李秉渊的诗词云："吏送青妆历，家伝赤豆粥。"这说明李朝时还流行家家户户在冬至食赤豆粥的习俗。至今，冬至食用赤豆粥的习俗仍为韩国民众所遵循。

尽管冬至食红豆粥的习俗在韩国广泛流行，但不同地区的民众在红豆粥的制作方法、食用方式等方面还存在着一定的差异。釜山地区是在赤豆粥中加入糯米汤圆，韩国忠清道地区的红豆粥是将红豆汁注入糯米粥中制成，全罗道则是在赤豆粥种加入面条；江原道地区在红豆粥中加入能够丰富口感的玉米粒。除此之外，不同地方的韩国民众还有不同的红豆粥食用方式。在京畿道地区，民众习惯于先将红豆粥供奉祖先，再在家庭各个方面放置红豆粥，最后全家人一起享用红豆粥；江原道地区则是根据年龄来确定红豆粥中所放糯米团子的数量；庆尚道地区的民众会将红豆粥撒在自家的门、墙、院子、村口古树等地方来驱鬼，从而实现卫家与卫村的目的；有的地方还利用红豆粥来占卜胎儿。除了韩国民众的家庭外，寺庙、粥铺等地方也会在冬至日向民众供应红豆粥。韩国的佛教寺庙会在冬至日向周边的信众施舍红豆粥，有的寺庙准备了可供数万人食用的红豆粥。如 2003 年，韩国草邑洞的三光寺的法师和信众使用了 55 锅大米和 25 锅小豆烹煮了可供 4 万余人食用的红豆粥；2015 年，首尔奉恩寺在冬至当天将 2 万人份的红豆粥免费送给信众和附近居民。近年来，韩国街市上的粥铺、餐馆也会在冬至日向顾客售卖红豆粥并开展系列活动。

第三节 "药食同源"视阈下的冬至食俗解读

在中日韩三国的文化交流史上,传统医药知识、医药文化的交流是频繁、稳定、持续不断的。具体来说,中日韩之间的医药文化交流萌芽于秦汉时期,繁盛于隋唐及宋元时期,明清时期形成了与中医学同源异流的日本汉方医学和古朝鲜传统医学。在长期的借鉴、学习、交流的过程中,中国、日本、韩国的传统医学在许多基本理念上均存在着相似之处。这种相似点主要是基于中日韩传统医学所具有的"同源异流"特征。其中,古老的传统中医学思想理论为源头,中国、日本、韩国又分别结合本国的现实情况而发展出各自独具特色的传统医学体系。整体来说,冬至食俗恰恰体现出中、日、韩三国传统医学的相通之处,至少是暗合于传统医学思想。

(一) 冬至食俗的养生主题

在二十四节气中,冬至节气介于大雪和小寒之间,冬至之后的节气是小寒和大寒。冬至标志着自然气候的变化,意味着"数九寒天"的到来。《九九歌》中所言的"一九二九不出手,三九四九冰上走"足以说明数九寒天的寒冷气候。为了应对即将到来的寒冷气候,民众需要采取包括增强营养补给在内的多种措施来保持身体健康。所谓"冬至一阳生",冬至时阴气正盛、阳气初生,阳气处于较弱的时期,有必要通过涵养阳气来确保身体健康。按照中医学中的五季与五脏相应的理论,冬天与"肾"相应,此时寒冷的气候容易导致肾气不畅。肾对于人体的生产、发育与生殖具有重要的作用。传统中医学认为肾能藏精气、主津液、主纳气、主骨生髓。《中藏经》载:"肾者,精神之舍,性命之根。"从传统中医学角度来看,冬季一方面要在"养阳",另一方面要保护好肾脏。

《素问·四气调神大论》载:"冬三月,此谓闭藏。水冰地坼,勿扰乎阳……此冬气之应,养藏之道也;逆之则伤肾,春为痿厥,奉生者少"、"夫四时阴阳者,万物之根本也。所以圣人春夏养阳,秋冬养阴,以从其根……"。中国、日本、韩国的冬至典型食俗中也多遵循着"温补肾阳"的思想。为达到"温补肾阳"的目的,典型食俗中的食物多选用性味温平、健脾胃的食材。

(二)中日韩赤豆粥类食俗的医药价值

中国、日本、韩国均有冬至食用赤豆粥或赤豆糯米饭的习俗,主要以赤小豆和糯米为主要食材。糯米性温味苦,具有补中益气,暖脾胃等功效;赤小豆性平味甘酸,具有消热毒、除烦满、通气、健脾胃等功效。《本草纲目》记载:稻米"苦,温,无毒""……补中益气……作糜一斗食,主消渴。暖脾胃",赤豆"甘、酸,平,无毒","除烦满,通气,健脾胃,令人美食。"[1]按传统中医学观点,肾和脾为相互依存、相互促进的关系,肾的精气来源于脾胃消化食物而产生的养分来培育(中医称为"水谷精微转化"),肾阳为脾胃的"水谷精微转化"提供动力。通过食用性味温平、强健脾胃的赤小豆和糯米,有助于肾中精气的充足,从而能够达到"温肾补阳"的目的。值得注意的是,在中国、日本和韩国的传统医学典籍中,对赤小豆和糯米药性的认识也是类似的(参见表9-1)。

---

[1] 李时珍:《本草纲目 点校本 第3册》,人民卫生出版社,1978,第1509页。

表 9-1 中日韩三国对赤小豆和糯米的药性对比表

国家 食材	中国	日本	朝国
赤小豆	"【集解】……可煮可炒,可作粥、饭、馄饨馅,皆良也。【气味】甘、酸,平,无毒。【主治】下水肿,排痈肿脓血。(本经)疗寒热中消渴,止泄痢,利小便,下腹胀满,吐逆卒澼。(别录)消热毒,散恶血,除烦满,通气,健脾胃,令人美食。捣末同鸡子白,涂一切热毒痈肿。煮汁,洗小儿黄烂疮,不过三度。……[日华]辟瘟疫……。"《本草纲目》	"[気味]甘咸。平。无毒。""[主治]気分をおだやかにし、湿を取り除き、尿の出をよくし、腫を引き、一切の熱毒 風腫(風邪を受けて腫れるもの) 癰腫(癰疽に同じ。二三頁注三)を取り去る。胞衣を下し乳汁の出をよくし、瘟疫(春三·四月の頃に暴熱を発するもの)を避け、魚毒を解く。その他については『本草綱目』に詳しい。"51《本朝食鑒1》	"性平,一云微寒。味甘酸,无毒。主下水、排痈肿脓血,治消渴,止泄利小便、下水肿胀满。消热痈肿散恶血。……赤小豆阴中之阳,解小麦毒。"《东医宝鉴》
糯米	"[气味]苦、温、无毒。""[主治]做饭温中,令人多热,大便坚。……补中益气,……作糜一斗食,主消渴。暖脾胃,止虚寒泄痢,缩小便,收自汗,发痘疮。"《本草纲目》	"甘、温、无毒","脾胃を壮にし、虚寒(虚症にして寒あるもの)を煖め、泄痢を止め、小便の回数を減ちし……"《本朝食鑒1》	"性寒,味甘、苦、无毒。补中益气……作酒则热,糟乃温……"。《东医宝鉴》

(三) 中国冬至饺子和羊肉食俗的医药价值

中国北方的民众在冬至时常常食用猪肉萝卜馅的饺子。猪肉萝卜馅的饺子一般会使用到猪肉、白萝卜和姜等食材。猪肉营养丰富,还具有补肾养血和滋阴润燥的功效。《本草纲目》记载猪肉具有"压丹石,解热毒……补肾气虚竭"的功效。民间素有"冬吃萝卜夏吃姜"的说法。由于饺子中的猪肉较多,不宜于消化且多食易起痰,所以要加入具有助消化、降气化痰等功效的萝卜。《本草纲目》记载萝卜"根辛、甘","同猪肉食,益人","生食,止渴宽中;煮食,化痰消导"。又由于"多食莱菔动气,惟生姜能制其毒",因此民众常常在猪肉萝卜馅的饺子加入姜末。我国也有许多地区习惯于冬至吃羊肉,俗称"补冬"。《本草纲目》载:羊肉"苦、甘,大热,无毒",主治"虚劳寒冷,补中益气,安心止惊……开胃健力"。由此来看,中国民众喜食的羊肉具有补中益气、治虚劳寒冷的功效。食用生切白羊肉时,佐食葱和薤还能够发挥壮阳益肾的功效。传统中医学还认为"心肾相交",即心阳有助于肾阳来温肾水,肾水有助于心阴来降心火,以此来保证人体机能正常运转。冬季寒冷,通过食用补中益气的猪肉萝卜馅饺子和羊肉有助于增强心阳以达到"温补肾阳"的目的。

(四)日本冬至南瓜和蒟蒻食俗的医药价值

除了红豆粥外,日本民众还习惯于冬至食用南瓜和蒟蒻。南瓜属于性温味甘的食物,具有补中益气的功效。《本草纲目》中记载:南瓜"甘,温,无毒",主治"补中益气"。根据"心肾相交"的观念,心阳有助于肾阳来温肾水,肾水有助于心阴来降心火,以此来保证人体机能正常运转。性温且补中的南瓜有益于达到"温补肾阳"的功效。除此之外,日本民众还习惯于冬至食用蒟蒻。《本草纲目》载:蒟蒻"辛,寒,有毒",主治"痈肿风毒,摩敷肿上。捣碎,以灰汁煮成饼,五味调食,主消渴"。虽然蒟蒻并不符合"温补肾阳"这一核心养生主题,但是蒟蒻也是具有治疗痈肿风毒的功效。

附录

附录1：
日本人的冬至：吃南瓜、泡柚子澡

中国人过冬至吃饺子，而在日本，提起冬至大家首先会想到吃南瓜和泡柚子澡。接下来就给大家介绍一下日本冬至的风俗习惯。

人民网东京12月22日电　今天我们迎来了二十四节气之一——冬至。中国人过冬至吃饺子，而在日本，提起冬至大家首先会想到吃南瓜和泡柚子澡。不仅是因为这些东西的谐音有着美好的寓意，日本人更是认为借助它们可以提升一年的运势。接下来就给大家介绍一下日本冬至的风俗习惯。

一陽来復（いちようらいふく）

冬至："一阳来复"

"一阳来复"出自《易经》，意思是春天的到来、新年的伊始，是古时冬至的别称。

冬至这天，太阳几乎直射南回归线，北方迎来白昼最短、黑夜最长的日子。等过了这一天，阴气尽，阳气开始恢复，因此叫作一阳来复。此外，日本人认为冬至是一个重要的转折点——过了冬至，坏的运气也会随之而去，幸运开始降临。

冬至の七種（ななくさ）

冬至吃什么："冬至七宝菜"

第九章 四海亚岁：汉字文化圈国家的冬至食俗与中医药文化

"走运"在日语里读作"うんをつける"。日本人认为冬至食用以"ん"结尾的东西能招来好运（運盛り）。南瓜（なんきん）、莲藕（れんこん）、胡萝卜（にんじん）、银杏果（ぎんなん）、金橘（きんかん）、寒天（かんてん）、乌冬（うんどん＝うどん）这七种食物的读音各含两个"ん"，因此被称为冬至七宝菜。七宝菜不仅寓意好，还包含营养度过寒冬的民间智慧。

为什么吃南瓜？

除了南瓜的读音含有两个"ん"之外，日本人在冬至这天吃南瓜还有一个重要的原因——南瓜是夏天收货的蔬菜。在阴阳学中，冬属阴，夏属阳，在至阴的日子应该吃至阳的东西滋补身体。

为什么要泡柚子澡？

日语中柚子（ゆず）与"融通"（顺利、通畅）同音，而冬至（とうじ）和"汤治"（温泉疗养）同音。根据这种巧妙的谐音，日本人认为冬至这天泡柚子澡可以驱除厄运（厄払いする）、万事变得顺利起来。

冬季正值柚子的时节，香气浓郁，能够舒缓压力。而且古人认为浓香本就有不招邪气的作用，这与端午节泡菖蒲澡是同样道理的。

此外，柚子还有促进血液循环、美白的功效。

如何泡柚子澡？

泡法一：选多颗柚子洗净后直接放入浴缸内，开泡。

泡法二：将柚子切成片或者切成两半放入浴缸内。据说这是最能散发柚子香味、功效最高的泡法。

泡法三：将柚子切成片或者切开两半，装进无纺布袋中，再放入浴缸内。虽然看不到柚子，但是这样既能闻到柚子的香味，又可以避免像泡法二那样柚子的核到处漂浮不易清洗。

（有改动）

（原文来源：陈思、许永新，人民网日本频道，2014年12月22日，http://japan.people.com.cn/n/2015/0923/c374112－27624428.html）

附录 2：
韩国冬至吃红豆粥保安康

12月22日是二十四节气中的冬至日。在韩国,冬至也是一个比较重要的农历节日。冬至这天,韩国有吃红豆粥的习俗。古人认为,冬至吃了红豆粥才能长一岁。

红豆粥是用红豆和糯米汤圆调制的,古人相信,红豆的红色可以驱赶鬼神,所以古代除了在祠堂里摆红豆粥来祭祖以外,在家里各个角落都放一碗红豆粥或撒上粥来避邪,祈求新的一年平安。冬至在韩国,虽然不像春节、中秋那么隆重,但是为了祈求明年家人的安宁和健康,喝红豆粥确是绝不可少的。

此外,在韩国,以前还会有很多人家把红豆粥泼在家门口的柱子上,或洒在家里,但后来考虑到清洁等各个方面的问题,这样的风俗习惯逐渐消失。

近年来,一般都是将大米和红豆一起煮制而成,也有在红豆粥里放入小米团的传统做法。相传冬至当天若吃下与自己年龄相当数量的小米团,来年便会万事如意。以前按农历日期计算,在当月上旬的冬至叫"儿冬至",在中旬叫"中冬至",在下旬叫"老冬至"。有些地方的说法是若碰上"儿冬至",吃红豆粥对小孩不好,所以会用红豆年糕予以替代。

韩国每个地区吃冬至红豆粥的习俗也各有不同。庆尚道地区人们有把红豆粥用松枝沾着洒在大门、角落、院子和村子入口的习俗。江原道则习惯在红豆粥里面放入跟年龄数对应的小汤圆。

另外,从冬至以后,天气越来越冷,寒冷的冬天来了,人们需要补充足够的热量和营养,所以在韩国习惯在冬至这天喝红豆粥,来养精蓄锐。

第九章　四海亚岁：汉字文化圈国家的冬至食俗与中医药文化

最近,市面上还出现了许多专门的粥店,一碗红豆粥价格约在5000～6000韩元(约合人民币28～34元)之间。

(有改动)

(原文来源:黄海燕、黄盼盼,人民网,2014年12月22日,http://pic.people.com.cn/n/2014/1222/c1016-26252926.html)

附录3：
韩佛教信徒准备2万份冬至红豆粥

图为佛教信徒们于冬至前一天(12月20日)在釜山三光寺制作要放在红豆粥里的豆馅。300余名佛教信徒计划做2万份红豆粥，然后在三光寺、釜山市民公园等地免费发放给市民。三光寺每年都会在冬至这一天举办该活动，祈福国政安定和市民幸福。

(有改动)

(原文来源：宋奉根，韩国中央日报中文网，2016年12月21日)
http://chinese.joins.com/gb/article.aspx? art_id=161132&category=002002)

第九章 四海亚岁：汉字文化圈国家的冬至食俗与中医药文化

附录 4：
今日冬至

12月21日是一年中夜晚最长、白天最短的冬至。自古便有"冬至日喝红豆粥才算真正长大一岁"的说法，把冬至看作"小年"。图为12月20日冬至前一天，大邱市南区凤德洞韩国佛教大学大观音寺中，僧人们正在制作红豆粥馅的汤圆。

(有改动)

(原文来源：孔定植，韩国中央日报中文网，2012年12月21日
http://chinese.joins.com/gb/article.
aspx? art_id=97146&category=002002)

第十章
文明智慧的生活化表达：节令食俗流变与中医药文化传播研究的现实意义

根据世界卫生组织（WHO）的定义，传统医学是指在维护健康以及预防、诊断、改善或治疗身心疾病方面使用的种种以不同文化所特有的无论可否解释的理论、信仰和经验为基础的知识、技能和实践的总和。包括中医药在内的传统医学，在文化上也是可被接受的，并得到众多人们的信任。

二十四节气起源于中国黄河流域，是通过观察该地区季节、天文学和其他自然现象的变化而制定的，并逐步在全国范围内应用，为许多民族所共有。二十四节气代代相传，传统上被用作指导生产和日常生活的时间框架……它的这些不同功能可以增强其作为一种非物质文化遗产形式的生存能力，对保持社区文化特性具有重要价值。

2019年5月，习近平主席在亚洲文明对话大会上提出，"人们对美好事物的向往，是任何力量都无法阻挡的！各种文明本没有冲突，只是要有欣赏所有文明之美的眼睛。我们既要让本国文明充满勃勃生机，又要为他国文明发展创造条件，让世界文明百花园群芳竞艳"。习近平主席倡议各国共同努力，为展示和传播文明之美打造交流互鉴平台，帮助人们加深对彼此文化的理解和欣赏，以更有活力的文明成就贡献世界。

中医药作为中华民族原创的医学科学，从宏观、系统、整体角度揭示人的健康和疾病的发生发展规律，体现了中华民族的认知方式，已经深深地融入民众的思想观念、风俗习惯、生活方式中，形成了独具特色

第十章　文明智慧的生活化表达：节令食俗流变与中医药文化传播研究的现实意义

的健康文化和节令养生实践。中医药文化与节令文化发祥于中华大地,在不断汲取世界文明成果、丰富发展自己的同时,也逐步传播到周边国家,并对这些国家的传统医药、民间风俗产生重大影响。聚焦节令食俗,从中医药文化传播、演变的角度,发现今天中日朝越节令食俗的相似性,认知、理解它们在节令饮食习惯方面的差异性,有助于促进相关国家在不忘本来中增强文明自信,正是对以交流互鉴共创亚洲文明美好未来、彰显文明创造魅力活力的最精准注解。

第一节　增进健康福祉的中医保健养生思想

中医强调生活方式和健康有着密切关系,主张以养生为要务,认为可通过情志调摄、劳逸适度、膳食合理、起居有常等,也可根据不同体质或状态给予适当干预,以养神健体,培育正气,提高抗邪能力,从而达到保健和防病作用。当今社会,生活节奏逐渐加快,熬夜、嗜辣、不吃早餐等不良生活方式成为影响人们健康生活的重要因素。在此大背景下,传统医学的价值被重新界定和认知。世卫组织总干事陈冯富珍认为传统医学是应对慢性非传染病的一种方式,且质量、安全性和疗效有保证的传统药物有助于实现确保人人获得卫生保健的目标。

以此为基础,顺应自然、因人施养、形神结合、药食同源等历史悠久的中医养生思想正在汉字文化圈国家持续推广传播。

（一）顺应自然

《黄帝内经》中记载:"起居有常,不妄劳作,故能形与神具,而尽终其天年。"这是中医养生中关于起居养生、顺应自然规律的具体体现。中医养生将人体健康和外在的季节、环境等多种因素结合起来考虑,因此在健康养生层面,中医养生注重人们的生活要顺应自然,主要体现在以下几个方面：一是起居有常，从中医角度来分析，二十四时分别对应人体的各器官经络，每一时辰都有养生的具体方式，因此人的生活起居应以自然界的昼夜节律为准，根据昼夜交替规律合理安排工作与睡眠时间，达到养阳与养阴相结合的效果；二是四时养生，即强调依据四季变化调整身体达到阴阳平衡，由于自然环境的变化对人体的皮肤、经络、气血等都有一定的影响，因此人应该顺应天地四时的变化，依据春夏秋冬节律调养生息；三是与世俱化，即充分利用环境中有利因素，并积极化解不利因素，保持内心的平静宁和，从而促进身体健康。

（二）因人施养

因人施养即根据个人身体情况进行养生，具体可根据个人体质、年龄、性别等的不同选择不同的养生方式。一是因体质养生，在中医看来，由于人体内的阴阳处于动态的变化之中，因此阴阳的失衡会导致偏阴、偏阳等不同体质的出现，而体质的差异也是导致采用不同养生方式的主要原因，如偏阳体质的人养生关键是滋阴降火，偏阴体质的人关键是补阳气，而阴阳平和体质的人则维持平和体质即可。二是依年龄施养，《黄帝内经》中以十岁为节点，详细论述了人体在各个年龄阶段所具有的不同的生理特点；金元时期刘完素则依据少年、中年、老年、耄年不同阶段的生理特点分别提出养生方法，由此可见，不同的年龄阶段也是影响养生方式选择的重要因素。三是依性别施养，《素问》中以女子每七岁、男子每八岁为一阶段分别论述了各阶段男女的生理特征；《灵枢》中也认为女性有气盛血虚的特征；而明代的《宋氏妇科秘书》中则指出男子以精为本、女子以血为本的生理特点。

（三）形神结合

《黄帝内经》关于对形神结合养生思想的介绍较为丰富，"上古之人……能形与神俱，而尽终其天年，度百岁乃去"，便具体指出了形和神

第十章 文明智慧的生活化表达：节令食俗流变与中医药文化传播研究的现实意义

是关乎人体生命健康的两个主要方面，在养生过程中，只有将形神结合才能健康长寿；在《素问·痹论》中也有相关论述："阴气者，静则神藏，燥则消亡"；张景岳也在《类经》中指出形和神是相互影响的，形体在对精神产生影响的同时，精神的变化也对形体具有重要影响；《养性延命录》曰，"闲心劳形，养生之方也"，均指出静以养神，动以养形，动静结合，形神合一，如此方可百病不生。对于形神结合的养生方法，现代动物实验也给出了科学证明，与单纯的"形养"及"神养"相比较，"形神共养"可以更好地促进正常成年大鼠的认知功能。

（四）药食同源

药食同源是中医学的重要特点之一。从饮食入药结合时令特点、地域特点来参透四季生命变化规律，并应用到日常生活的方方面面，可以增强体质、预防疾病，实现延年益寿。中医学看来，各种食物的搭配对人体调和正气有重要的现实功用。饮食与节令习俗的结合虽多源于祭祀纪念，然而却符合中医时令养生的基本原理，饮食皆与五脏六腑通，与阴阳平衡相关。《素问·六节脏象论》中提出"天食人以五气，地食人以五味"，《素问·阴阳应象大论》中指出"味归形，形归气，气归精，精归化"。同时也注重平衡膳食与饮食的节制。《素问·调经论》中指出"扶邪之生也……得之饮食居处"，《素问·口问》中提出"夫百病之始生也，皆生于风雨寒暑，阴阳喜怒，饮食居处"；《素问·五藏生成》中提到"是故多食咸，则脉凝泣而变色；多食苦，则皮槁而毛拔；多食辛，则筋急而爪枯；多食酸，则肉胝䐢而唇揭；多食甘，则骨痛而发落。此五味之所伤也。故心欲苦，肺欲辛，肝欲酸，脾欲甘，肾欲咸"。这些都清晰地展示出饮食不节对五脏、五味的危害。

第二节 传统医学被纳入汉字文化圈国家医疗保健体系

汉字文化圈国家国家对传统医学的称呼分别为"中医"(中国)、"韩医"(韩国)、"汉方"或"和汉"(日本)、东医(越南)。虽然名字有差异,但它们的基本理论与中医经典古籍存在密切联系、各自的发展演变存在相互影响却也是事实。《世界卫生组织传统医学战略2014—2023》指出,传统医学植根于本国的文化、历史和风俗中,会员国应当根据国情确定并更充分了解传统和补充医学,建立本国关于传统和补充医学的国家档案,了解谁在使用,探索使用的原因并确定目前和未来的需求。随着现代健康新理念的流行,传统医学在维护健康以及预防、诊断、改善或治疗身心疾病方面的价值正在被重新评价认定。

(一)中国提出中医药发展战略

2016年2月,国务院印发《中医药发展战略规划纲要(2016—2030年)》,提出:"中医药作为我国独特的卫生资源、潜力巨大的经济资源、具有原创优势的科技资源、优秀的文化资源和重要的生态资源,在经济社会发展中发挥着重要作用。随着我国新型工业化、信息化、城镇化、农业现代化深入发展,人口老龄化进程加快,健康服务业蓬勃发展,人民群众对中医药服务的需求越来越旺盛,迫切需要继承、发展、利用好中医药,充分发挥中医药在深化医药卫生体制改革中的作用,造福人类健康。"到2020年,实现人人基本享有中医药服务,中医医疗、保健、科研、教育、产业、文化各领域得到全面协调发展。到2030年,我国在世界传统医药发展中的引领地位更加巩固,实现中医药继承创新发展、统筹协调发展、生态绿色发展、包容开放发展和人民共享发展。

第十章　文明智慧的生活化表达：节令食俗流变与中医药文化传播研究的现实意义

在此之前的 2014 年 6 月，国家卫生计生委、国家中医药管理局联合发布了《中国公民中医养生保健素养》（国中医药办发〔2014〕15 号），解读了中医基本理念和知识，倡导健康生活方式与行为，介绍常用养生保健内容，普及了常用的养生保健简易方法。为了客观评价中国公民中医养生保健素养水平，同年 8 月，中央财政首次拨付专项经费，开展了 2014 年中国公民中医养生保健素养调查项目。调查依据《中国公民中医养生保健素养》将中医养生保健素养划分为 3 个层次和 8 个维度，调查结果显示：2014 年中国公民 3 层次中医养生保健素养水平分别为，基本理念和知识 14.93%，健康生活方式及行为 19.11%，常用养生保健内容与方法 3.90%。2014 年中国公民 8 个维度中医养生保健素养水平由高到低依次为：体质养生保健 63.30%、日常起居养生保健 50.14%、饮食养生保健 48.48%、养生保健理念 22.23%、养生保健信息理解能力 21.47%、家庭宜居方法 8.90%、运动养生保健 5.70%、情志养生保健 2.48%。这是第一次针对国内中医养生保健素养进行的调查，对了解民众中医药养生保健现状有着重要作用，也对将来提升我国公民中医药养生保健整体水平起着重要作用。

（二）日本汉方医学的崛起

目前，日本的汉方医学的也受到日本社会的广泛关注，不仅建立了大量的研究机构，还在民众的日常生活中占据着重要地位。多种汉方药都被列入社会保险药品之中，从法律地位上给予认同。日本政府也加大投入，建立汉方研究机构，汉方医学的学术活动日趋活跃。据统计，目前日本有 20 多所综合性大学设有汉方医学研究机构，全国有汉方研究学术组织及团体近百个，汉方药厂 200 家左右，4 万多家药房经营汉方药。在日本民众日常生活中，中医药材对强身健体举足轻重。走进街边的药店，从感冒伤风、跌打损伤，到老年病、慢性病，预防和治疗的药品中，中医药材无所不在；在各大城市街头，也常常见到针灸和推拿诊所。日常饮食保健中,医食同源、食物养生的理念深入人心,药膳、食疗颇受日本民众青睐。"日本厚生劳动省医药·卫生局于2017年4月发布的《一般用汉方制剂制造贩卖承认基准》中也公布了210种(部分种类还分A、B、C等小种类)受到官方承认的汉方制剂。

(三)韩医成为备受关注的社会主流

1986年4月9日,韩国国会通过了"医疗改正案",明确把原来意指为"汉医学"的词,改指为"韩医学"。由于汉文的"汉医""韩医"两个词,在韩文中是用同样的字来表达,因而从此在韩文中,"汉医学"就成了"韩医学","汉方医学"就成了"韩方医学","汉医院"就成了"韩医院"。长期以来,传统韩医都是韩国的热门职业,受到学生及其家长的青睐。目前,到韩国接受针灸、药膳、药浴等医疗服务已经成为韩国旅游业界向汉字文化圈国家进行旅游推介的重点内容,关于韩医申报世界文化遗产、韩医代表东方传统医学在国际场合发声的新闻不断见于媒体。2019年4月25日,韩国就业信息院推出了《2019年韩国职业前景》,其中包括196种韩国未来十年间(2018—2027年)代表性职业。就业岗位增加的职业群是保健医疗和生命科学、法律、社会福利、航空、电脑网络安全和工业安全领域。特别是因为低生育率和老龄化,医生、牙科医生、传统韩医、护工、助理护士、理疗师和社会福利人员等职业被评为前景职业。

(四)越南传统医学被写入宪法

1957年,越南东医协会成立,《东医杂志》也开始刊行;1971年,东医协会被更名为"越南民族传统医学会"。20世纪60~80年代,许多医科大学开始设置古传医学专业。如河内医科大学于1961年开设古传医学专业,胡志明市医科大学于1976年开设古传医学专业,芹苴大学于1985年开设古传医学专业。上述医学研究机构对于推进越南传统医学

第十章　文明智慧的生活化表达：节令食俗流变与中医药文化传播研究的现实意义

的发展具有重大作用。传统医学药学与现代医学药学相结合甚至还被写入越南宪法。《越南社会主义共和国宪法（1992年）》第三章指出："预防和治疗相结合，传统医学药学和现代医学药学相结合，国家的健康服务和人民群众健康服务相结合。"

第三节　在汉字文化圈国家的日常生活中发现中医药文化

作为一种非字母的表意文字，汉字在克服方言乃至更大的语言障碍方面具有显著的优势，在维护中国统一和密切东亚诸国联系方面也发挥着举足轻重的地位。历史学家斯塔夫里阿诺斯曾敏锐地指出：汉字"被证明是一种非常有效且持久的统一的黏合剂"。汉学家费正清曾说："对汉字的热爱与尊崇成为连结东亚各国的坚固纽带。"

千百年来，借助汉字的中介，与中国的文化联系早已深度融入汉字文化圈内其他国家的"文化基因"，渗透进民众的日常社会生活，成为民众日用而不知的常识性存在。通过上面对中日朝越节令食俗的介绍和分析，可以发现其中的差异性和相似性大都能从中医学经典著作中得到解释，不仅从日常生活（或者说"生活常识"）的角度验证了汉字文化圈国家间客观存在和难以切断的源流关系，对于拓展民俗学研究的新领域，以文化创意推动中医药理念传播、扩大中医药服务贸易，深入研究汉字文化圈的形成和演进更具有重大价值。

（一）对节令民俗同源异流的解读

传统医学被纳入国家卫生保健和初级卫生保健在汉字文化圈国家中已经成为难以逆转的潮流。目前，这些国家对传统医学的称呼分别为"中医"（中国）、"韩医"（韩国）、"汉方"或"和汉"（日本）、东医（越南）。

虽然名字有差异,但它们的基本理论与中医经典古籍存在密切联系、各自的发展演变存在相互影响却也是事实。如列入世界记忆遗产名录的韩医典籍《东医宝鉴》中即明言:"医之有书,厥惟远哉。上自仓、越、下逮刘、张、朱、李,百家继起,论说纷然,剽窃绪余,争立门户,书益多而术益晦,其与《灵枢》本旨不相径庭者鲜矣。"而各国节令食俗的共通和差异之处也大都可以用中医学理论去解释。

以中秋节食俗的阐释为例。从某种程度上讲,证实了汉字文化圈国家在中秋节习俗中的源流关系——同源异流。这对于消除国家间的误解,共同推动中秋节申请加入人类非物质文化遗产代表作名录具有重要意义。彼此临近的地理区位,长期开展文化交流的历史,相似的季节感知与生命节律,共用部分汉字的事实均是汉字文化圈国家加强文化交流,消除彼此误解,实现民心共通,共同推动中秋节申报世界级非物质文化遗产的动力源泉。值得关注的是,中韩两国曾在端午申报人类非物质文化遗产问题上引起轩然大波,两国的媒体、民众均陷入不同程度的误解和争论中,最终以韩国端午祭和中国端午节均列入名录告终。实际上,此类争论产生的原因之一是对于汉字文化圈国家传统文化的同源异流特征和文化的共享性缺乏足够的认知。尊重汉字文化圈国家共享诸多传统节日的事实,有利于凝聚多国力量,彰显中秋节的影响范围,对于实现中秋节申遗具有重要意义。

(二) 开辟民俗学与中医药文化研究的新领域

尽管传统医学是植根于本国的文化、历史和风俗中,但中国民俗学对中医学传承发展与民俗事项的关联却是长期缺乏关注,不是将其神秘化为某种近乎巫术的祛疫禳灾、驱恶辟邪仪式,就是将其简单化为祈求宇宙和谐、健康长寿的文化象征。阴阳五行学说贯通中国的时间文化、饮食文化、中医药文化、民俗文化。从阴阳对立转化、五行相生相克的角度对传统节令民俗进行分析,不仅有助于加深对民俗形成演变过

第十章 文明智慧的生活化表达：节令食俗流变与中医药文化传播研究的现实意义

程的认识理解，也有助于客观评估传统医学的安全性、有效性，发挥传统医学在卫生健康服务方面的潜力。如喧嚣一时的"'王老吉'添加门事件"中，夏枯草、布渣叶、鸡蛋花三种凉茶原料原本不包括在卫计委已经公布的允许食用中药材名单之列，最终却在缺乏严格的毒理学安全性评价报告和人体试食实验观察报告的情况下，由于"在岭南地区群众的膳食习惯中，夏枯草、鸡蛋花、凉粉草（仙草）属于传统的食品或原料"等原因而被允许备案，列入第三批新资源食品目录。类似这样的鉴定理应吸收有关民俗学研究者参与其中。

传统医学和现代医学共同服务于国家卫生保健系统业已成为汉字文化圈国家的通行做法。福柯曾指出：十九世纪以来，在世界范围内生理学知识原先对于医生来说是极其次要的、纯粹理论性的，此时则逐渐占据全部医学思考的中心。现代医学精确地测度人体的各项生理指标，并根据生理指标的变化而采取相应的治疗措施以促使其处于正常范围之内。与现代医学不同，传统医学并不关注生理指标，转而注重维持人体的活力、柔韧性、灵活性，强调遵循饮食规律以确保机体健康。现代社会，人们重视维持身体的健康和正常，注重日常生活中的养生和患病时的医学治疗。目前，汉字文化圈国家对于传统医学尽管持有不同的称谓，"中医"（中国）、"韩医"（韩国）、"汉方"或"和汉"（日本）、东医（越南）。然而汉字文化圈国家的传统医学之间却必然有着深层次的联系——基本理论的相似性，运用中医理论能够阐释这些国家的节令食俗恰恰证明了这一点。诚如列入世界记忆遗产名录的韩医典籍《东医宝鉴》中所明言，医之有书，厥惟远哉……论说纷然，剽窃绪余，争立门户，书益多而术益晦，其与《灵枢》本旨不相径庭者鲜矣。

（三）创新中医药文化推广传播的新路径

在医学发展的长期实践中，为了促进诊断、治疗、预防和保健活动的顺利开展，无论传统医学还是现代医学都不能不对与生命节律、周期有关的时间划分、时间度量以及时间与空间的组合关系予以重点关注。在扩大中医药服务贸易和推动中医药海外创新发展的过程中，为使中医药文化普及、中医理念宣传能够贴近生活、深入人心，应该对与中医药有关的民俗活动、节日庆典进行认真研究、积极利用，主动在诊断、治疗、养生、保健等方面与传播目标国家的传统医学对接。

  节令食俗与传统医学文化密切相关的事实昭示着医学必须对关乎生命节律的时间划分、时间测量予以重点关注。中国古代的时间养生学和时间治则学的基本原则是顺天因时。除此之外，岁时节令、医王（圣）祭祀等与民众日常生活密切相关的民俗活动也应纳入传统时间医学研究的范围之内。在扩大中医药服务贸易、普及中医药文化、推广中医理念的过程中，有必要对以上的治疗原则、时间民俗活动进行充分关注和全面研究，并积极主动地在诊断、治疗、养生、保健等方面与传播目标国家的传统医学知识相符合。汉字文化圈国家由于共同遵循相似的传统医学理论，民众更容易接受中医药文化和中医理念，相对较少地开展现代医学的医药服务标准所规定的耗资耗时的临床试验，在这些国家开展中医药服务贸易、推广中医药文化能够较为有效地降低成本。目前单就中药出口而言，一方面，我国出口的中药产品中大多数为中药材、提取物等原料型产品，作为中药国际化进程"风向标"的中成药出口仍旧依赖亚洲华人较为集中的国家；另一方面，在"汉方药"和"韩药"的名义下，尽管日本、韩国中药生产的原材料大部分都是来自我国，加工为成药后的销售价格却达到了我国出口原料价格的几十倍。日本、韩国对于本国传统医学文化的宣传推广实践也为中国扩大中医药服务贸易提供有力的借鉴。像韩国高丽参广告在中国播出时就强调服用高丽参是"补而不燥"，日本、韩国的化妆品在中国推销时经常打出"汉方养生""汉方成分"的旗号，很容易被普通民众理解接受。

参 考 文 献

[1] 丁世良,赵放主编.中国地方志民俗资料汇编 第4册[M].北京:国家图书馆出版社,2014.

[2] 丁世良,赵放,白玉新.中国地方志民俗资料汇编·东北卷[M].北京:书目文献出版社,1989.

[3] 人见必大.本朝食鑑[M].島田勇雄訳注.东京:平凡社,1976.

[4] 三浦真荣治,森口多里,三崎一夫,等.东北の岁时习俗[M].东京:明玄书房株式会社,1975.

[5] 上海书店出版社编.中国地方志集成 福建府县志辑.乾隆龙溪县志、乾隆海澄县志、民国云霄县志[M].上海:上海书店出版社,2000.

[6] 小沢秀之,加藤叄郎,箱山贵太郎,等.南中部の岁时习俗[M].日本东京:明玄书房株式会社,1975.

[7] 马文·哈里斯.好吃:食物与文化之谜[M].叶舒宪、户晓辉译.济南:山东画报出版社,2001.

[8] 马兴国.千里同风录、中日习俗交流[M].沈阳:辽宁人民出版社,1988.

[9] 马银文.中华民俗艺术大全[M].北京:中国三峡出版社,2006.

[10] 中国朝鲜史研究会,延边大学朝鲜·韩国历史研究所编.朝鲜·韩国历史研究第11辑[M].延边:延边大学出版社,2011.

[11] 丹波康赖.医心方(校注研究本)[M].高文铸等校注研究.北京:华夏出版社,1996.

[12] 乌丙安.非物质文化遗产保护理论与方法[M].北京:文化艺术出版社,2016.

[13] 方勇.关于日本端午节习俗的历史考察[J].云梦学刊,1993(1).

[14] 王士雄.随息居饮食谱[M].西安:三秦出版社,2005.

[15] 王介南主编.南亚东南亚语言文化研究 第3卷[M].北京:军事谊文出版社,2003.

[16] 王海燕.日本平安时代的社会与信仰[M].杭州:浙江大学出版社,2012.

[17] 付桂英主编.药食同源话养生[M].北京:金盾出版社,2012.

[18] 田中健夫编.善邻国宝记·新订续善邻国宝记[M].集英社,1995.

[19] 田景等.韩国文化论[M].广州:中山大学出版社,2010.

[20] 申士垚,傅美琳主编.中国风俗大辞典[M].北京:中国和平出版社,1991.

[21] 刘永山主编.《本草纲目》新校注本[M].北京:华夏出版社,2008.

[22] 刘辛欣.中日端午节的比较研究[J].边疆经济与文化,2012(6).

[23] 刘若愚.酌中志[M].北京:北京古籍出版社,1994.

[24] 刘晓峰.日本冬至考——兼论中国古代天命思想对日本的影响[J].清华大学学报(社会科学版),2007(3)

[25] 刘晓峰.东亚的时间——岁时文化的比较研究[M].北京:中华书局,2007.

[26] 刘晓峰.端午节与东亚地域文化整合——以端午节获批世界非物质文化遗产为中心[J].华中师范大学学报(人文社会科学版),2011,50(3).

[27] 刘新瑞,张绍轩主编.李莹学术思想与临床经验集[M].北京:科学技术文献出版社,2016.

[28] 刘魁立,萧放,张勃,等.传统节日与当代社会[J].民间文化论坛,2005(3).

[29] 刘德有,马兴国主编.中日文化交流事典[M].沈阳:辽宁教育出版社,1992.

[30] 吉野裕子.阴阳五行与日本民俗[M].雷群明,赵建民,井上聪译.上海:学林出版社,1989.

[31] 孙雪岩.韩国秋夕的文化展演与功能呈现[M].北京:中国社会科学出版社,2013.

[32] 曲金良主编.海洋文化研究 2000 年卷 总第 2 卷[M].北京:海洋出版社,2000.

[33] 朱云影.中国文化对日韩越的影响[M].南宁:广西师范大学出版社,2007.

[34] 江绍原.发须爪:关于它们的迷信[M].北京:中华书局,2007.

[35] 池田秀夫,日向野德久,平野伸生,等.关东の岁时习俗[M].日本东京:明玄书房株式会社,1975.

[36] 许浚等.东医宝鉴[M].北京:人民卫生出版社,1982.

[37] 阮光颖.跨文化传播视野中的中越两国传统年节习俗[J].东南传播,2008(5).

[38] 严绍璗,王家骅,马兴国,等.比较文化:中国与日本 中西进教授退官纪念文集[M].长春:吉林大学出版社,1996.

[39] 佐々木哲哉,佛坂胜男,山口麻太郎,等.九州の岁时习俗[M].东京:明玄书房株式会社,1975.

[40] 余世谦,余娟.中华节日风采[M].上海:上海人民出版社,2004.

[41] 吴喜逢.中越四大节日活动内容之比较[D].华中师范大

学,2011.

[42] 宋颖.端午节研究:传统、国家与文化表述[D].中央民族大学,2007.

[43] 张卫东.客家文化[M].北京:新华出版社,1993.

[44] 张云昌,孟蓬生,谢志宁,等译注.白话黄帝内经[M].石家庄:河北人民出版社,1995.

[45] 张加祥,俞培玲.越南文化[M].北京:文化艺术出版社,2001.

[46] 李时珍.本草纲目(全图附方)[M].李若溪,大车编.重庆:重庆大学出版社,1998.

[47] 李时珍.本草纲目(校点本)[M].刘衡如点校.北京:人民卫生出版社,1980.

[48] 李官浩主编.韩国岁时风俗词典[M].梨花女子大学翻译,韩国国立民俗博物馆发行,2016.

[49] 李昉等.太平御览(一)[M].北京:中华书局,1985.

[50] 李经纬主编.中外医学交流史[M].长沙:湖南教育出版社,1998.

[51] 杨琳.中国传统节日文化[M].北京:宗教文化出版社,2000.

[52] 汪德迈.新汉文化圈[M].陈彦译.南昌:江西人民出版社,1993.

[53] 肖宪,夏艳.越南人[M].西安:三秦出版社,2005.

[54] 陈久金,卢莲蓉.中国节庆及其起源[M].上海:上海科技教育出版社,1989.

[55] 陈仁寿.《医心方》食养、食疗与食禁探略[J].中医药文化,2007(5).

[56] 陈允斌.吃法决定活法.四代中医.四季养身方法[M].南昌:江西科学技术出版社,2015.

[57] 陈海丽.中国饮食文化在越南之传承与嬗变——以河内民间小吃为视角[J].南宁职业技术学院学报,2011,16(02).

[58] 陈益源,凌欣欣.台、越民间风俗的比较研究——以〈安南风俗册〉为基础[J].昆明学院学报,2011,33(2).

[59] 孟元老等.东京梦华录 都城纪胜 西湖老人繁胜录 梦粱录 武林旧事[M].北京:中国商业出版社,1982.

[60] 孟珍月.屠苏酒考——从中韩日古籍中考证屠苏酒[J].当代韩国,2009(1).

[61] 宗懔.荆楚岁时记[M].宋金龙注.太原:山西人民出版社,1987.

[62] 岳红,张弘,郑燕清编著.中医基础理论[M].太原:山西科学技术出版社,2000.

[63] 明广奇主编.中医药学基础[M].北京:中国医药科技出版社,2008.

[64] 林宣佑.韩国秋夕的社会文化内涵、功能及其传承意义[J].重庆文理学院学报(社会科学版),2007(06).

[65] 范宏贵,刘志强.越南语言文化探究[M].北京:民族出版社,2008.

[66] 范宏贵著.中越民间文化的对话[M].北京:民族出版社,2010.

[67] 俞成云.韩国文化通论[M].南京:南京大学出版社,2015.

[68] 南开大学世界近现代史研究中心编.世界近现代史研究第八辑[M].北京:社会科学文献出版社,2011.

[69] 姚可成.食物本草点校本[M].连美君,楼绍来点校.北京:人民卫生出版社,1994.

[70] 姚伟钧等.饮食风俗[M].武汉:湖北教育出版社,2011.

[71] 姚春鹏译注.黄帝内经[M].北京:中华书局,2010.

[72] 星川清亲:栽培植物的起源与传播[M].段传德,丁法元译.郑州:河南科学技术出版社,1981年。

[73] 柳承希,任艳玲.韩国、日本治未病研究概况[J].辽宁中医药大学学报,2016,18(1).

[74] 洪锡谟,金迈淳,柳得恭.朝鲜岁时记[M].姜在彦注.日本东京:平凡社株式会社,1986.

[75] 畑江敬子等.正月の雑煮の食べ方に関する実態調査[J].日本調理科学会誌,2003.36(3).

[76] 费正清.中国:传统与变迁[M].张沛译.北京:世界知识出版社,2001.

[77] 赵荣光.中国饮食文化史[M].上海:上海人民出版社,2014.

[78] 徐恩禄,权伍铣.韩国风俗民情研究[M].北京:东方出版社,1994.

[79] 徐静波.略说日本的素面、乌冬面和荞麦面[J].楚雄师范学院学报,2014,29(10).

[80] 徐潜.传统中医理论[M].长春:吉林文史出版社,2014.

[81] 海外文化弘报院文化体育观光部.韩国文化指南[M].韩国首尔:大韩民国海外文化弘报院出版,2009.

[82] 真柳诚.中日韩越古医籍数据的比较研究[J].郭秀梅译.中国科技史杂志,2010,31(3).

[83] 真柳诚.跨境的传统飞翔的文化——汉字文化圈之医史[M].郭秀梅译.福州:福建科学技术出版社,2012.

[84] 秦明吾.中日习俗文化比较[M].北京:中国建材工业出版社,2004.

[85] 袁景澜.吴郡岁时纪丽[M].甘兰经,吴琴点校.南京:江苏古籍出版社,1998.

[86] 贾蕙萱.中日饮食文化比较研究[M].北京:北京大学出版社,1999.

[87] 郭小燕.台湾岁时节俗[M].福州:福建教育出版社,2008.

[88] 郭蔼春注.东医宝鉴[M].北京:中国中医药出版社,1995.

[89] 顾承甫.沪上岁时风俗[M].上海:华东师范大学,1989.

[90] 顾禄.明清笔记丛书 清嘉录[M].来新夏校点.上海:上海古籍出版社,1986.

[91] 堀田吉雄,桥本铁男,中村太郎,等.近畿の岁时习俗[M].日本东京:明玄书房株式会社,1975.

[92] 常建华.岁时节日里的中国[M].北京:中华书局,2006.

[93] 梁飞.端午节——中药的节[N].中国中医药报,2010.

[94] 黄凤岐,朝鲁主编.东北亚研究——东北亚文化研究[M].郑州:中州古籍出版社,1994.

[95] 黄涛,万军.日僧圆仁来华游记中的唐代节日习俗辨析[J].温州大学学报(社会科学版),2012,25(6).

[96] 黄遵宪.日本国志(下卷)[M].天津:天津人民出版社,2005.

[97] 斯塔夫里阿诺斯.全球通史:从史前史到21世纪(第7版修订版).吴象婴,梁赤民,董书慧,等译.北京:北京大学出版社,2010.

[98] 朝鲜史学会.三国史[M].京城府:近泽书店,1928.

[99] 联合国教育、科学及文化组织.世界的记忆[M].金琦,万洁译.合肥:安徽科学技术出版社,2015.

[100] 覃圣敏.东南亚民族:越南柬埔寨、老挝、泰国、缅甸卷[M].南宁:广西民族出版社,2005.

[101] 韩琦.中越历史上大文学与数学的交流[J].中国科技史料,1991,12(2).

[102] 福柯.临床医学的诞生[M].刘北成译.南京:译林出版社,2006.

[103] 鄢良.人身小天地 中国象数医学源流·时间医学卷[M].北京:华艺出版社,1993.

[104] 廖育群等.中国科学技术史·医学卷[M].北京:科学出版社,1998.

[105] 慧靖.南药神效[M].汉喃古籍文献典藏数位化计划,2009.

[106] 慧靖.药品南名气味正治歌括[M].汉喃古籍文献典藏数位化计划,2009.

[107] 潘荣陛,富察敦崇.帝京岁时纪胜·燕京岁时记[M].北京:北京古籍出版社,1981.

[108] 黎有卓.新镌海上医宗心领全帙[M].北宁:同人寺藏板,1885.

[109] 薛豹主编.日本学论丛[M].北京:外语教学与研究出版社,2009.

[110] 瞿岳云等.中医时间医学理论及应用[M].重庆:重庆出版社,1993.

[111] 刘涛,钱钰.食俗里的中国时间:中日越节令饮食与中医药文化[J].黄河文明与可持续发展,2017(01).

[112] 刘涛,钱钰.中医药视域下的中秋食俗——基于对中、日、朝、越的考察[A].程健君主编.中秋习俗的文化阐释 中国传统节日文化研究[C].开封:河南大学出版社,2017.

[113] 钱钰,刘涛.汉字文化圈国家春节食俗中的医学理念[J].中医药文化,2018,13(03).

[114] 钱钰,刘涛.冬至典型食俗中的医药文化——基于对中日韩三国的考察[A].叶涛等主编.2018中国·嘉兴二十四节气全国学术研讨会论文集[C].中国书店,2019.

后　记

　　六年磨洗波折，成书实属不易。经过六年点滴思考的不断汇聚，从一篇论文到系列论文，再到如今的成稿书籍，可谓是涓涓细流汇聚成河。

　　最初，我们承担了河南大学黄河文明与可持续发展研究中心立项课题"汉字文化圈时间文化生态研究"的子课题，形成了首篇论文《食俗里的中国时间：中日越节令饮食与中医药文化》。该论文入选2016年汉字文化圈生活文化和而不同国际学术探讨会议论文集并在《黄河文明与可持续发展　第12辑》中正式刊载。自2017年以来，我们发表了系列研究论文，《中医药视阈下的中秋食俗——基于对中、日、朝、越的考察》(2017)、《从桃符到春联的演进——基于祝由文化兴衰的视角》(2018)、《汉字文化圈国家春节食俗中的医学理念》(2018)、《冬至典型食俗中的医药文化——基于对中日韩三国的考察》(2019)等学术论文。在前期系列论文成果的基础上，我们在2018年4月正式启动本书的撰写工作。从文献爬梳到理清思路，从确定本书大纲到分章节撰写，从断断续续研究到多番细细打磨，孕育四年有余的书稿终于面世了。四处搜集资料的辛苦、反复推敲修订的文稿、在停断与坚持间的挣扎，既煎熬着我们的内心，也充斥着不断突破的欢喜。六年的点滴思考与坚持不懈，现在终于有了初步的成果。

　　六年间的挣扎与坚守过程中，有许多默默支持过我们的人们值得铭记和感谢。感谢朱晓华、张维、杨泽南、卫雅琪、梁欣、苏佳、陈天宇、常晖、赵梦迪、沈佳、鲁聪聪、王淑梅等同学，他（她）们曾不辞辛苦为本书搜集整理资料，在假期中还积极参与讨论。感谢河南大学出版社和该社的编辑们，正是他们不厌其烦地审阅、校对、编辑等，拙作才得以正式出版。感谢我们的家人们，是他们在我们奋笔疾书时给予宽容与理解，让我们免于家务杂事的烦忧；是他们在我们感到无法坚持时给予支持与鼓励，让我们有信心坚持完成拙作。感谢本书中参考引用过的所有书籍、论文的著作者们，是你们的研究成果让拙作有良好的研究基础。

拙作的出版，不是终点，而是起点，激励着我们继续深入地探索该议题，引导着我们从经验研究升维到理论研究。拙作的出版，希望是抛砖引玉，吸引更多的学者关注中医药文化与岁时节令的研究。拙作引用古籍较多，若有错讹遗漏，敬请学界同仁和广大读者批评斧正，以便在未来的再版或继续研究中予以修订。